重庆市人文社会科学重点基地：武陵山区特色资源开发与利用研究中心
重庆市协同创新中心：武陵山片区绿色发展协同创新中心

武陵研究文库

乡村旅游 服务礼仪 规范

RITUAL NORMALIZATION OF RURAL TOURISM SERVICE

规范的乡村旅游礼仪示范
精准的礼仪动作文字阐释

陶少华　　黎艾艾 / 编著

●重庆市教育委员会人文社会科学重点研究项目"武陵山区民族旅游
　就业人群就业力提升机制研究"（编号：17SKJ057）研究成果
●课题组成员：陶少华　石皓月　罗吉　李泽桦　余学琼　付桂媛

经济管理出版社
ECONOMY & MANAGEMENT PUBLISHING HOUSE

图书在版编目（CIP）数据

乡村旅游服务礼仪规范/陶少华，黎艾艾编著. —北京：经济管理出版社，2019.6
ISBN 978 - 7 - 5096 - 6577 - 0

Ⅰ.①乡…　Ⅱ.①陶…②黎…　Ⅲ.①乡村旅游—旅游服务—礼仪　Ⅳ.①F590.631

中国版本图书馆 CIP 数据核字（2019）第 089077 号

组稿编辑：王光艳
责任编辑：李红贤
责任印制：黄章平
责任校对：王淑卿

出版发行：经济管理出版社
　　　　　（北京市海淀区北蜂窝 8 号中雅大厦 A 座 11 层　100038）
网　　　址：www. E - mp. com. cn
电　　　话：（010）51915602
印　　　刷：北京市海淀区唐家岭福利印刷厂
经　　　销：新华书店
开　　　本：720mm×1000mm/16
印　　　张：10. 25
字　　　数：178 千字
版　　　次：2019 年 6 月第 1 版　　2019 年 6 月第 1 次印刷
书　　　号：ISBN 978 - 7 - 5096 - 6577 - 0
定　　　价：68. 00 元

目　录

第一章

仪容礼仪

仪容是指人的容貌，主要包括面部、头发及未被服饰遮掩的肢体部分。它能反映出一个人的精神面貌，是传递给服务对象最直接、最生动的第一信息。

对乡村旅游从业人员仪容礼仪的总体要求是清洁、卫生、端庄、朴实。因此，乡村旅游从业人员应做到勤洗澡、勤漱口、勤洗头、勤换衣袜、勤剪指甲。

一、面部修饰礼仪

对面部修饰的基本要求如下：乡村旅游从业人员要做到保持面部干净清爽，无汗渍、无油渍；每天做到早晚洗脸，及时清除附在面部、耳后及颈部的污垢；平时注重对皮肤的保养，防止皮肤粗糙、干燥、有痘疮；注意保持口腔的清洁与卫生，要养成早晚刷牙、食后漱口的习惯。

（一）对女性面部的要求

面部干净，着淡妆上岗，做到自然协调。与服务对象接触时保持良好的微笑，做到热情、亲切、自然。平时注意对唇部的护理与清洁，避免出现嘴唇过于干燥脱皮的状况。注意面部的保湿，清洁面部时，认真清理鼻部，防止黑头的产生。多利用乡村的井水、泉水清洗面部；在空气湿润的季节，多到附近森林进行森林浴，保持面部皮肤湿润；在阳光温和的时节，多到室外进行日光浴，保持面部皮肤健康。

（二）对男性面部的要求

面部干净清爽，不留胡须与鬓角，勤修剪鼻毛、耳毛。在接待服务对象时要保持微笑，自然且大方，热情且具有亲和力。养成日常多喝水的良好习惯，温开水胜过太多的美容品。皮肤过于干燥时有必要进行补水及润肤的处理。

（三）对面部护理及保养的要求

面部气色给人最直观的印象感受，若皮肤干燥且暗黄，可每天早晚用热毛巾湿敷面部，循环五到十次，每次两分钟，促进面部血液循环，缓解眼部疲劳，长期坚持，改善面部气色，给人较好的精神面貌视觉感。

良好的睡眠能体现出好的皮肤状态，长期的不良睡眠习惯是引发皮肤发黄、冒痘的重要因素之一。因此，乡村旅游服务人员在宁静的乡村环境中应坚持早睡早起，保证充足的睡眠，以利于面部的护理和保养。

经常在乡村进行徒步等体育锻炼，多呼吸乡村新鲜空气，保持健康的体魄，通过面部展现出良好的精神状态。

(四) 五官清洁的注意事项

眼部的清洁及眼部疾病的预防尤为重要，时常注意是否有眼部分泌物，并及时清理。若出现眼部疾病的情况，不可再与服务的对象直接接触，一是预防传染他人，二是避免服务人员的形象大减分。

耳部的清洁往往容易受到忽视。服务人员耳部出现浓密的耳毛时要及时修剪处理，以免影响美观。耳垢也要每天清理，清理时应在没人注意的情况下进行。

鼻子的清洁与护理很重要。接待前检查自己的鼻毛，若鼻毛过长甚至冒出鼻孔之外，应用小剪刀将其剪短。服务人员更不要出现当众挖鼻孔的行为，也不要将鼻孔的异物随意挥弹。清除鼻涕前先观望四周，无人的情况再小声进行。

眉毛的美观与否是展示面部五官整体效果的关键。眉毛过于稀疏或颜色太淡的情况都要进行必要的修饰和增色。眉形的修剪应该每天保持，以避免眉毛毛发杂乱。

保持口部的清洁，应做到勤洗口牙的良好习惯。根据礼仪专家的建议，服务人员每天刷牙三次，每次的时间至少三分钟。为更好地保持牙齿的健康与洁白，成年人可每半年到专业牙科诊所清洗牙齿。服务人员时常处在服务接待的第一线，因此在选择食物时要避免气味刺激过大的食物（烟、酒、咖啡、浓茶、榴莲及各种辛辣调味品等），以免产生的口腔异味使人反感。饭后要检查牙齿上是否有食物残渣遗留，若有，一定及时清理，请注意在做清理时应使用手帕或纸巾遮掩嘴部，切勿当众进行，以免损坏服务者的美好形象。

二、发部修饰礼仪

"头发是人的第二张脸。"头发是否整洁、干净、梳理得体，不仅能反映出良好的个人精神面貌，也体现出对服务对象的尊重。因此，对乡村旅游从业人员头发的基本要求是清洁、整齐、美化、自然。乡村旅游从业人员平时应勤理发、洗发和梳理，保持头发整洁，无异味、无异物。发型要大方、得体，不染彩色头发。

（一）对女性头发的要求

头皮清洁，头发长短适中，发长不及肩可披发，发长过肩宜盘发，盘发不宜将发髻扎得过高，最高与眉毛齐平。发型整齐自然，做到不遮脸、不遮眼、不遮耳。好的发质是头发亮泽顺滑，分叉极少。服务人员平时应做好发部护理工作以避免头发出现杂乱、毛糙的现象。长期使用较好的护发素及发膜，也可使用护发精油（效果好且最节省时间），使头发保持良好的状态。秋冬季节极易引起头皮干燥，若出现较多头皮屑的情况，要针对性地选择清理头皮的洗发产品。做好日常的头发修剪，将分叉的发丝清理掉，同时注意适当的发长。基于工作性质，服务人员不宜烫染头发，自然黑发最好。整理发型时应到洗手间或者无人的地方。

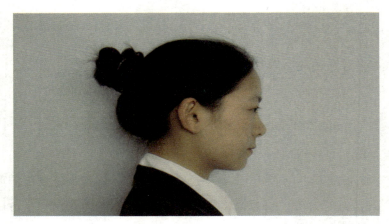

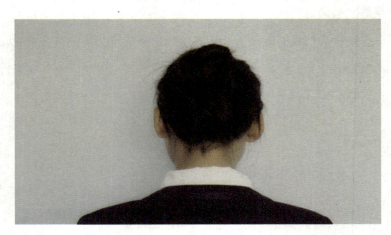

（二）对男性头发的要求

头皮清洁，头发不油腻，发型整齐自然，前不覆额、侧不过耳、后不及领。男士头发出油多应每天洗一次，可使头皮不被油脂等堵塞从而带来头皮问题困扰。

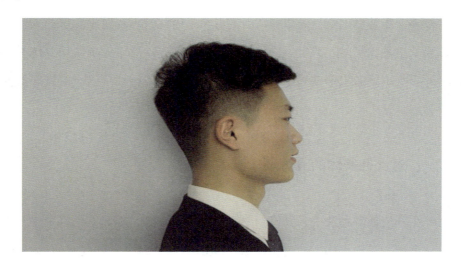

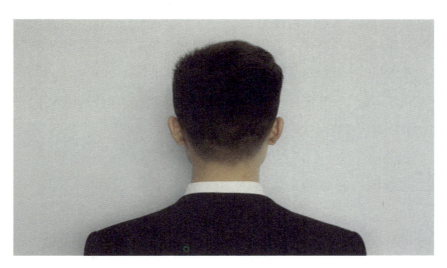

三、肢体修饰礼仪

这里的"肢体"特指暴露在外的手部和脚部。手被视为人的第二张名片，通过一双手，能够看出个人的修养与卫生习惯。因此，对乡村旅游从业人员肢体的总体要求是做到干净、卫生、修整。平时养成工作前后、大小便后要洗手的习惯。另外，手不要做出不良举止，如抓头发、抠鼻子、掏耳朵等。对脚部的要求是无异味。

（一）对女性肢体的具体要求

对于手部要做到勤洗手、勤修指甲，保持手部干净，不涂有色指甲油；不要忽视自己手部的保养工作，白皙干净且细腻的一双手会给人以良好的感官印象。对于脚部要做到勤洗脚、勤换袜，不光腿、不光脚、不露脚指头。身着的裙装尽量不要高过膝盖，最高在膝盖上方3厘米，且不要忘记搭配自然的肉色丝袜。为了保持服务人员的良好形象，也不要在没有穿袜子的情况下穿鞋。一般脚穿黑色敞口的皮鞋或布鞋，不宜选择露脚趾以及后脚跟的鞋。在工作期间，作为一名服务人员，要注意自身情况的每一个细节，做到严谨、专业。

（二）对男性肢体的具体要求

对于手部要做到勤洗手、勤修指甲，手臂无文身；对于脚部要做到勤洗脚、勤换袜，不光腿、不光脚、不露脚指头，一般脚穿黑色皮鞋。男性手部时常保持干净清爽，做好手部的日常护理，不留长手指甲。即使在高热的夏季，也要求男性服务人员身着长裤。手部裸露部分不能看到有文身的存在。

四、化妆礼仪

化妆不仅是对自我的尊重，同时也是对他人的尊重。服务人员的化妆不仅能够展示其美好的个人形象，还能在一定程度上体现企业形象。尤其乡村旅游从业人员化妆要做到自然，与乡村环境相协调，所以化妆的总体要遵循以下三点：上妆不宜厚重艳丽，要求自然协调，妆容要给人素洁优雅的质感；化妆要扬长避短；不宜当众进行补妆。

现在来学习一下化妆的基本程序及相关的注意事项：

面部清洁：做好面部清洁这一基础的保养，尤其是脸部的"T"区部位，洁肤之后首先使用爽肤水或柔肤水轻拍至肌肤吸收，其次使用乳液，用于肌肤的深层补水保湿，最后涂上面霜锁水。这也是日常肌肤的基础保养，再者每隔两三天敷面膜（可在自制面膜中加入一些玫瑰精油或者几滴蜂蜜）使肌肤持续水润，免除干燥，保持肌肤健康美丽。

打底妆：基础保养过后就可以做面部的打底妆了，使用粉底液或粉底膏让肤色亮度提高，使皮肤更加有细腻感。

眼睛部位：①根据从上往下的顺序，做完打底再画眼线，增加眼部的立体感使眼睛看起来更大更有神采。画眼线时要紧贴睫毛根部，由内眼角向外眼角（下眼线则相反），画上眼线时眼睛向下看，此时镜子也应放低（画下眼线时则方式相反），尾部眼线略往上沿。②睫毛膏的使用让睫毛瞬间变长、上翘、浓密。先使用睫毛夹让睫毛"成型"，再涂上睫毛膏。③经过描绘的眉毛可使整张脸的五官的特点显得突出且立体感增强。眉形的设置要根据自身脸型体征，要符合年龄、性格，眉毛的颜色与发色相协调，服务人员的发色一般为自然黑，因此眉毛的颜色最适选择深咖啡色、棕色。④眼影的选用非常重要，由于服务人员整体妆容要呈现出淡雅的印象，因此不提倡使用过于靓丽的眼影色，若是睡眠不好或熬夜，可以选择合适的眼影进行适当的修饰以掩盖眼部疲乏状态。

嘴唇：涂抹口红增加嘴唇红润度，提升气色。在修饰嘴唇之前也要做好嘴部的清洁。先描上嘴唇再描下嘴唇，将唇线描绘好之后先涂抹唇膏再用口红进行上色。

修容：腮红用于面部修饰，使气色增强，显得健康精神。腮红的颜色要与眼影、口红、眼睛颜色相得益彰。使用腮红刷蘸取适量的腮红，以笑起来时突出颧骨部分为中心向面颊外侧及太阳穴的方向延展，使其均匀晕开。最后使用适量的定妆粉，用于保持妆容。

第二章
仪表礼仪

仪表是指人的外表，包括容貌、发型、着装、表情、个人卫生、姿态等，端庄、美观、整洁的仪表能使对方产生好感。本书重点介绍乡村旅游从业人员的着装和表情礼仪。

乡村旅游从业人员的着装礼仪是指在旅游服务接待过程中，为了表现对客人的尊重与友好，体现在着装上的一种行为规范。着装礼仪的总体要求是衣着整齐、清洁得体、和谐自然。

一、着装礼仪

着装礼仪的原则：正确的时间、正确的地点、正确的场合、正确的着装，即从业人员的着装打扮应考虑时间、地点、场合，着装要与之相符。另外，着装要符合"三色原则"，即一次着装全身不超过3种颜色。乡村旅游服务从业人员的着装要根据自身的体格特点进行选择，要体现自身的体态美感，不应过于紧身，同时也要充分利用正确的着装来弥补自身的某些缺点。正式、统一的着装给人以庄重、严谨的形象，也能在一定程度上反映出乡村旅游从业人员的专业素养。

（一）对女性的着装要求

乡村旅游从业女性的工作着装一般以套装、套裙或制服为主，无论选择哪种类型，服装色彩与式样要与工作环境相协调，可以突出地域特色或汲取民族元素。经营管理者的着装要庄重，给人干练、踏实的感觉；而一线服务人员的着装要简洁、实用、方便操作。总之，对女性着装的整体要求是整洁、大方，一定要符合自身身份与工作场合，切忌穿着露、透、短、紧的服装。

1. 衬衣

女性衬衣的面料一般选择棉或真丝为宜，颜色上通常以白色、米色、粉色等单色为好。衬衣的长度要适度，一般下摆会塞在裤腰内，因此切忌太长，否则鼓鼓囊囊会影响形象。除了衬衣最上端的一颗纽扣可不系外，其他的纽扣一律都要系。另外，由于乡村环境和经营特色的需要，女性服务人员也可以统一穿着民族风格或者地域特色的衬衣，但仍需注意保证衬衣的正确穿法，以凸显其干练、利落的精神面貌。

2. 套裙

女性套裙一般要选择质地好、有弹性、不起皱、不起球的面料，尤其不宜选择皮质面料。在颜色的选择上通常上装与下装相一致，一般以冷色调为主。颜色搭配可上深下浅、上浅下深。裙装长度不宜超过膝盖上方 3 厘米。在乡村旅游中，女性服务人员可以统一穿着具有地域、民族特征的套裙。总之，裙长不宜过短，否则显得有失端庄；裙长不宜过长，否则容易妨碍工作。

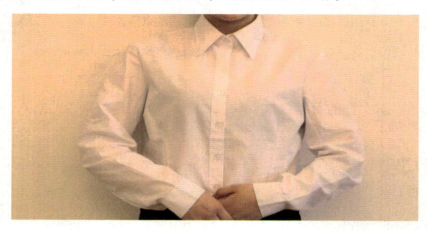

3. 鞋子

女性的鞋子一般选择中低跟的皮鞋或布鞋等，以穿着舒适美观、方便行走为宜。鞋子的颜色以选择黑色或与衣服相协调的颜色为宜。不宜穿长筒靴、凉鞋，不能露脚趾和脚后跟。在乡村旅游中，女性可以穿着具有地方特色的鞋子，如在土家村寨，女性服务人员可以统一穿着传统的绣花布鞋。

4. 袜子

穿裙装时应搭配长筒丝袜，丝袜以接近肤色的肉色为宜，不可有破洞或抽丝现象。穿裤装时可选择与其颜色相协调的袜子，切不可选择船袜。

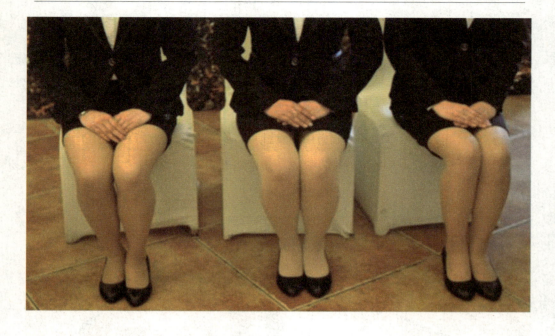

5. 饰品

除婚戒外，其他饰品不宜过多佩戴。第一，在工作期间，服务员佩戴的饰品不宜超过两件，而且要符合服务者的工作身份。少数民族地区的乡村旅游从业人员所佩戴饰品以不妨碍服务工作为前提。第二，佩戴饰品时注意区分品种。配饰大致分为戒指、项链、耳环、耳钉、手链、手镯、胸针、发饰、脚链等常见而非超前卫饰品。对于男性服务人员而言，戒指可能是唯一要求可以佩戴的饰品，项链是不宜在工作期间佩戴的，若有佩戴，则将其置于衣内，不要外露。女性服务人员的耳钉不宜过于张扬性格、过于夸张，应佩戴小巧精致且含蓄的耳钉；由于服务人员的工作性质，手部动作较多，因此不宜佩戴手镯，以免妨碍自身工作，同时避免手镯受到损坏。胸花的佩戴要求没有男女的限制，但服务者已经佩戴了身份牌、单位徽章时不宜再佩戴胸针。另外，女性服务工作者的发饰以简为佳，禁止颜色艳丽、花哨的发饰。脚链也不提倡在工作期间佩戴。总之，作为服务工作者，在饰品的佩戴方面要做到：以少为佳、同质同色、符合身份、扬长避短、搭配合理、遵守习俗。第三，乡村旅游服务人员可以统一穿戴具有鲜明地域特色和民族特征的饰品，以彰显其地域文化和民族文化，营造浓郁的地域文化和民族文化氛围，如西江苗寨景区的每一位女服务员头上戴一朵鲜花。

（二）对男性的着装要求

乡村旅游从业男性的工作着装以西装或制服为主，应尽量选择能体现地域特色和民族元素的服饰，应注意与环境相协调。对游客而言，极具特色的着装具有很强的吸引力。总之，对男性着装的整体要求是整洁、美观、大方，切忌穿着皱巴巴、短小或松垮的服饰。

1. 制服

男性可穿西服或统一的制服，质地要良好，颜色以深色居多，保持整洁和挺括，袖长到手腕、衣长到虎口、裤长到鞋面。要求着西装套装时全身的颜色不能超过三种，当配有公文包时也应遵循不超过三种颜色的搭配原则。

2. 衬衣

　　若穿西服则以白色或浅色等单一色衬衣搭配，最好选择精纺纯棉或者是纯棉面料，要保持整洁无污迹、无褶皱。衣领、袖口长度均比外套的衣领与袖口长 1 厘米左右，下摆要塞到裤腰里。领型的选择也很重要，硬质衣领与西装搭配相得益彰，使服务者庄重的形象更为突出。

3. 领带

　　服务者若穿西服则可打领带，颜色不可太花哨，要与西服颜色搭配，长度到皮带处。领带的打法尤其讲究，打得好显得庄重、郑重。打好后的领带中宽的一片应长于窄的一片。选择领带时应注意其质量，一定要用质量好的领带，因为劣质的领带显得低廉又降低身份，影响形象。领带夹一定要选择高质量的，领带夹的位置应在第三粒和第四粒纽扣之间，对于六粒扣的衬衫，领带夹则在第四粒和第五粒纽扣之间，当扣上西装最上位的纽扣时保证领带夹不会露出。领带的打法有单结、双结、温莎结三种方式。

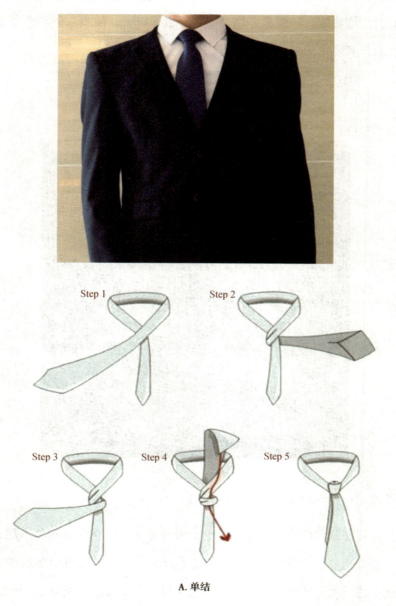

A. 单结

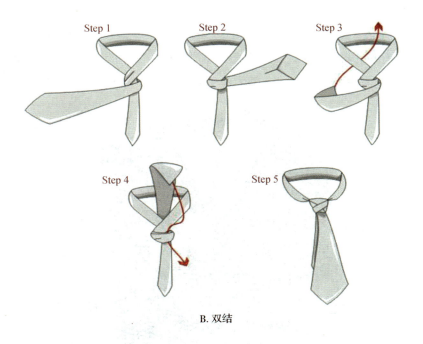

Step 1　　　　　　Step 2　　　　　　Step 3

Step 4　　　　　　　　Step 5

B. 双结

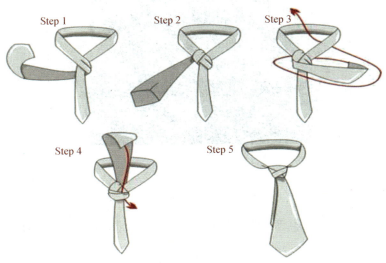

Step 1　　　　　Step 2　　　　　Step 3

Step 4　　　　　Step 5

C. 温莎结

4. 毛衫

寒冷季节可在衬衫外套薄型 V 领或 U 领的羊毛衫，颜色不可太鲜艳，以单色为宜，且与衬衣颜色相近，图案不可太繁杂，长度短于衬衣。

5. 纽扣

若穿西服制服则有单排扣和双排扣之分。在站立时，西装上衣的纽扣都应扣上；坐下时可敞开，以防产生褶皱。在正式场合中，单排扣的上衣所有纽扣应扣上，其余场合单排两粒扣的上衣只扣上面一粒扣，单排三粒扣的上衣扣中间或上面两粒扣，双排扣的上衣则要全部扣上。

A. 单排两粒扣

B. 单排三粒扣

C. 双排扣

6. 口袋

　　制服的口袋里少装或不装东西，尤其是上衣的外部口袋，如果装太多东西使口袋胀鼓鼓的会失去服饰的美感，但签字笔、钱夹、名片夹等薄的物品可放在内侧的胸袋里。裤子两侧也只能放纸巾之类的小物品，臀部后侧口袋不放任何物品。西装内侧的衣袋可放置钱包、香烟、打火机等较小的物品。

7. 鞋子

若穿制服则可配皮鞋，颜色以深色为宜，且要与制服协调，保持鞋面干净明亮。在正式场合里杜绝穿运动鞋、凉鞋或者布鞋。

8. 袜子

若穿西服则应搭配与皮鞋同色系的袜子，一般为黑色、藏青色、深蓝色袜，不可穿白色或颜色鲜艳的袜子，且要保持袜子的清洁无异味。

二、表情礼仪

表情是一种无声的语言，是人的思想感情和内在情绪的外在体现。人的表情千变万化，唯有眼神和微笑最能传情达意。对旅游从业人员表情礼仪的总体要求：目光柔和、表情大方、常带微笑；基本要点：亲切、大方、自然、真诚、尊重。

（一）目光

目光，即眼神，它是面部表情的核心。眼睛是心灵的窗户，通过眼神能够传递出人的喜、怒、哀、乐等不同情感。正因为它能够准确、清楚地传递情感，因此旅游从业人员应懂得合理、恰当地运用眼神，以促进与他人的沟通与交流。总之，与人讲话时要注视对方，目光要热情、礼貌、友善、诚恳。

注视部位：以注视对方的眼鼻三角区为宜。

注视时间：注视时间约占全部相处时间的 1/3 或 2/3。

注视角度：宜平视（正视）和仰视。平视（正视）指与他人的视线在同一水平线，表示双方地位平等；仰视指位置居于低处，视线向上注视他人，表示尊重与敬畏。忌斜视、俯视客人。

（二）微笑

微笑是最富有吸引力、最能打动人心的面部表情，能消除人与人之间的陌生感，它代表着友好、融洽、和蔼、亲切等最为美好的情感因素，被公认为是世界性的语言。对服务业而言，微笑服务是至关重要的。客从笑中来，笑脸增友谊，微笑出效益，因此，旅游服务从业人员要养成微笑的习惯。

微笑的要领：嘴角两端微微上扬，两颊肌肉放松，露出上下六齿，不发声，眼角略带笑意。微笑是发自内心的，表情要自然、真诚。切记不要有冷笑、怪笑、窃笑、假笑等表情。

第三章
仪态礼仪

仪态是指人们在日常活动中各种身体姿势的总称，包括站姿、坐姿、走姿、蹲姿、鞠躬、手势等行为动作，人们又把它叫作"形体语言"或"无声语言"。仪态能够反映出一个人的修养与气质风度。因此，仪态礼仪是个人气质内涵的外在表现。

仪态礼仪的要求：举止优雅、行为得体、标准规范。

一、站姿

站姿的基本要求：头正，颈直，双眼平视前方，下颌微收，嘴角微闭；肩平，挺胸，收腹，立腰，提臀，躯干挺直，双肩放松微微向后下沉；双臂自然下垂，手指并拢略微弯曲，贴于身体两侧裤缝；双膝并拢，两腿站直。总的来说，给人的感觉要自然挺拔、舒展俊美、稳重大方。

（一）女士站姿

1. 双臂侧放，"V"字步站姿

　　双臂在体侧自然下垂，中指指尖对准裤缝，手指略微弯曲；双膝并拢，脚跟紧靠，双脚夹角呈 45°～60° 的"V"字形。

2. 双臂侧放，"丁"字步站姿

双臂在体侧自然下垂，中指指尖对准裤缝，手指略微弯曲；双膝并拢，一只脚的脚跟在前，紧靠另一只脚的足弓处，双脚夹角呈45°~60°的"丁"字形。

3. 双手腹前交叉，"V"字步站姿

双手在腹前交叉，右手在上握住左手四指，双手四指伸展，贴于腹前肚脐
处；双膝并拢，脚跟紧靠，双脚夹角呈45°～60°的"V"字形。

4. 双手腹前交叉，"丁"字步站姿

双手在腹前肚脐处交叉，右手在上握住左手四指，双手四指伸展；双腿并
拢，一只脚的脚跟在前，紧靠另一只脚的足弓处，双脚夹角呈45°～60°的"丁"
字形。

（二）男士站姿

1. 双手腹前相握式站姿

双手在腹前交叉相握，两脚跟分开与肩同宽，或双脚脚跟靠拢，脚尖分开，夹角呈45°~60°的"V"字形。

2. 双手背后相握式站姿

双手放于背后，两手相握于手腕处，两脚跟分开与肩同宽或小于肩宽，或双脚脚跟靠拢，夹角呈 45°～60° 的 "V" 字形。

二、坐姿

坐姿的基本要求：上身直立稍向前倾，头正颈直，双肩放松、下颌微收、挺胸收腹，使背部与臀部成90°，双膝并拢，双手自然放在腿上。坐姿要端正、稳重，优美、恰当的坐姿会让人觉得舒适、安详，而不是慵懒无力的样子。

（一）女士坐姿

从椅子的左侧入座，坐椅子面的三分之二，双肩不要依靠椅子，两膝并拢（休息时除外）。若穿裙装则落座前用手将裙角收拢，两手轻握放于腿上。女士坐姿有以下几种：

1. 标准式

要求：上身保持直立，头正肩平，上身与大腿、大腿与小腿皆成直角，双手交叉叠放在两腿的中部，双膝并拢，小腿与地面垂直，两脚成丁字步。

2. 侧腿式

要求：在标准式坐姿的基础上，两条腿向左斜出，双膝并拢，右脚跟靠拢在左脚内侧，右脚掌着地，左脚尖着地。

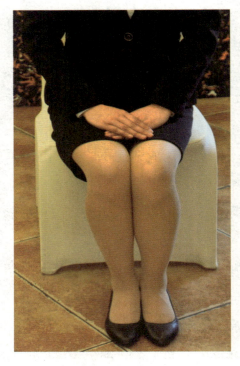

标准式（正面）

标准式（侧面）

侧腿式

3. 重叠式

要求：在标准式坐姿的基础上，一条腿提起，脚窝落在另一条腿的膝盖上，上面的腿内收，贴在另一条腿的侧边，脚面绷直，脚尖自然朝下。

4. 前交叉式

　　要求：在标准式坐姿的基础上，双脚在脚踝处重叠交叉，注意双膝一定要并拢。

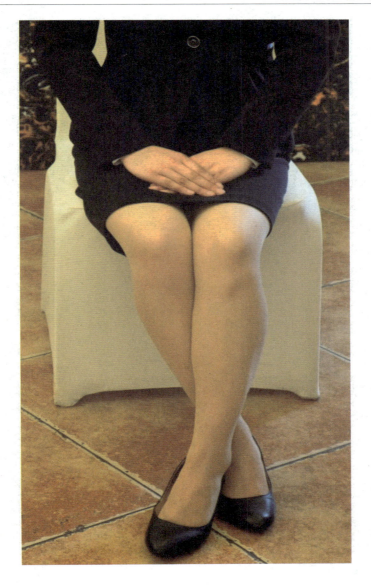

5. 曲直式

　　要求：在标准式坐姿的基础上，一只脚向前伸出半步，另一只脚稍向后，两脚掌着地，双脚内侧保持在一条直线上。

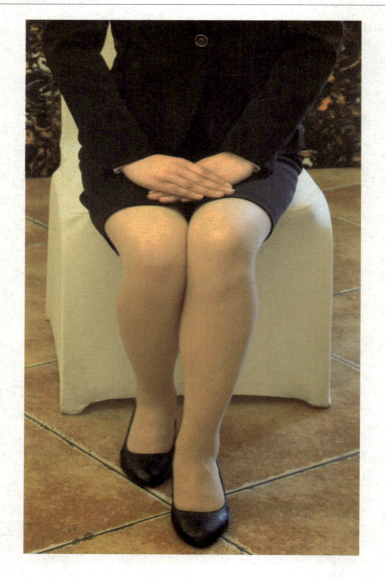

6. 侧挂式

要求：在标准式坐姿的基础上，右小腿向右侧斜出与地面呈 45°夹角，左小腿提起，窝落在右腿膝盖上，左小腿紧贴右小腿如一条直线，左脚脚面绷直，脚尖自然朝下。

（二）男士坐姿

从椅子的左侧入座，坐椅子面的三分之二或稍多，但不可坐满椅子面，也不可靠在椅子背上，两膝可以稍微分开，但距离不超过肩宽，两手自然放于两膝盖处。男士坐姿有以下几种：

1. 正襟危坐式

要求：在标准式坐姿的基础上，双膝分开，距离不超过肩宽，双手分别放在双膝上。

2. 双腿交叉式

　　要求：在标准式坐姿的基础上，一条腿提起，脚窝落在另一条腿的膝盖上，上面的腿内收，贴在另一条腿的侧边，脚面绷直，脚尖自然朝下。

三、走姿

　　走姿是服务人员经常会使用的姿态，要给人流畅、自然、优雅的感觉。基本要点：上身挺直，双肩平稳、挺胸收腹、平视前方、下颌微收、双臂自然摆动、步伐均匀、面带微笑、步态轻盈。

　　几种不同场合的走姿及相关姿态礼仪规范如下：

（一）前进时

男士步幅约 50 厘米，两脚行走踩出的是平行线。为保持优美的体态造型，要保持昂首挺胸、健步轻盈。女士步幅约 30 厘米，两脚行走踩出的是一条直线。行走步速不宜太快，不可扭腰摆胯、左顾右盼、拖泥带水、弄出声响。

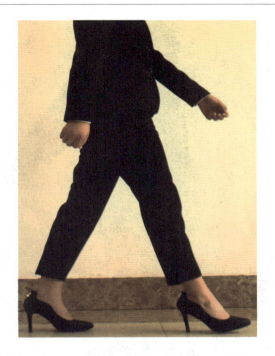

（二）后退时

对客服务结束后，服务员不能立即转身离去。为了体现对客的友好与尊重，应先后退两三步，再转身离开，并向客人微笑点头示意。注意后退时身体要保持直立，速度不能太快，切不可弯腰躬身。

（三）与客人相遇时

当在公共场所及过道上与客人迎面相遇时，为表示对客人的尊重与重视，服务员须放慢脚步或驻足一旁，在距离客人 2 米的地方向客人微笑示意，并致以问候。如果在狭窄的路面与客人迎面相遇，应让客人先行，并面带微笑，目光注视着客人，点头致意或向客人致以问候。

（四）引导客人时

引导客人前行时，服务员应走在客人左前方 1 米左右的位置，边走边回头关照客人，经过拐角、楼梯或光线昏暗处，需及时提醒客人。

（五）上下楼梯时

在上下楼梯时，为方便他人均应靠右单行行走。若与客人同行上下楼梯，出于安全的需要，上楼梯时请客人先行，服务员或陪同人员应走在客人后面；下楼梯时，服务员应走在客人前面引路。无论上下楼梯，要注意行走的姿势和速度，与前后之间保持至少 1 米的距离。

四、蹲姿

　　蹲姿，是我们日常生活中常会使用的一种身体姿态。当捡拾掉在地上的东西、取低处的物品时，都会采用下蹲的姿势。在对客服务过程中，下蹲应做到自然得体、大方，保持身体重心稳定，臀部向下，切忌弯腰、撅臀、身体歪倒。

（一）女士蹲姿

1. 高低式蹲姿

左脚在前，右脚在后，左小腿垂直地面，左脚掌着地，以左脚支撑身体，右脚跟提起，右膝低于左膝，两腿紧靠，臀部下沉带动上身下蹲。

2. 交叉式蹲姿

右脚在前，左脚在后，右小腿垂直地面，右脚掌着地，左脚跟提起，右腿在上，左腿在下，两腿交叉，臀部下沉带动上身下蹲。

（二）男士蹲姿

男士以高低式蹲姿为宜。与女士不同的是，男士下蹲后两腿可适当分开。

五、鞠躬

  鞠躬即弯身行礼，它是我国的传统礼仪，通常用来表达对别人的敬意、问候、感激之情。行鞠躬礼时，上身前倾的角度大小根据对受礼人的尊重程度而定，角度越大表示越尊重。

  基本要点：身体立正，目光平视，面带微笑；男性双臂放于体侧或两手相握放在腹前，女性双手交叉放于腹前；身体以腰为轴，头、颈、背、腰成一条直线，上身向前倾15°～90°，视线也随之下移；身体前倾到位后停留一秒再恢复原状。

鞠躬礼有以下几种：

（一）15°鞠躬

15°鞠躬即上身前倾15°，称为点头鞠躬礼，表示问候、回礼等。在社交场合一般采用15°的鞠躬礼。

（二）30°鞠躬

30°鞠躬即上身前倾30°，称为普通鞠躬礼，表示迎接、欢送、感谢。在服务接待中常使用30°鞠躬礼。

（三）45°鞠躬

45°鞠躬即上身前倾45°，称为鞠躬或平礼。在服务礼仪中一般用于表达服务人员对客人深深的敬意或歉意。

（四）90°鞠躬

90°鞠躬即上身前倾90°，称为大鞠躬或谢礼。此为鞠躬礼中最高级别的行礼，可表示万分感谢、悔过、谢罪、沉痛哀悼等。因此，90°鞠躬在服务礼仪中使用率不高。

六、手势

当对客人表示欢迎、引领方向、引导客人入座时，服务人员通常会使用手势以辅助提供服务，因此服务手势要做到明确、规范、美观。基本要点：掌心向上，五指伸直并拢，拇指自然微张，使手掌与小臂成一条直线，大小臂弯曲以

140°为宜，以肘关节为轴，指引对象。使用手势时，要做到肯定、明确、流畅、优美，同时配合眼神、表情，给人优美、大方的感觉。

（一）直臂式

上身保持标准站姿，五指伸直并拢，掌心斜向上，手臂自腹前或体侧抬起，向所指引的方向摆动。直臂式手势通常用来指引方向。

（二）曲臂式

上身保持标准站姿，手臂弯曲，由体侧向体前摆动，手臂高度在胸以下，五指伸直并拢，掌心斜向上，请人进门。

（三）斜臂式

上身保持标准站姿，手臂斜向下摆动，五指伸直并拢，掌心斜向上，指向座位，请人入座。

第四章
见面礼仪

乡村旅游从业人员与客人初次见面时，为拉近双方距离，融洽关系，体现对他人的尊重，应做到相应的礼仪规范。它包括介绍、握手、点头、递送名片等基本礼仪规范。见面礼仪的要求：用词规范、注重细节、增进了解、谦逊友好。

一、介绍礼仪

介绍礼仪是为了在服务中拉近服务人员与客人之间的距离，增进彼此的了解。一般有以下几种介绍类型：

（一）自我介绍

自我介绍有应酬式、工作式、报告式和问答式四种。在服务礼仪中，通常会采用工作式。顾名思义，工作式主要适用于工作场合，它包括本人姓名、供职单位及其部门职务或从事的具体工作等。在介绍时应注意时间控制在 1 分钟之内，要求简短、真实、诚恳，如："先生您好，我是××农庄的前台接待员"。

(二) 介绍他人

介绍他人通常是为彼此不认识的双方进行介绍和引见，基本规则是"尊者优先"，即尊者有优先知情权。例如，先介绍身份低者、年纪轻者给年长者；先介绍男士给女士；先介绍职务低者给职务高者；先介绍主人给客人；先介绍家人给同事、朋友。在工作场合一般根据职务高低进行介绍。

二、名片礼仪

在现代社交场合中，人们初次见面通常会以相互递交名片的方式介绍自己，方便对方联系，因此，名片上的内容应该标注个人姓名、职务、所属单位、联系方式、电子邮箱等。名片礼仪包括以下几方面：

（一）名片的准备

名片不要放在钱包、裤兜或夹在书本里，原则上应该存放在名片夹里，并且应保持清洁、平整。

（二）名片的递送

递送名片时双手食指、拇指捏住名片的两角，文字正对对方，从胸部高度递出，并自我介绍。递送时由地位低者、晚辈、男士先向地位高者、长辈和女士递送，双方地位相当时，先递者更为谦恭有礼。一人向多人递送时，应由近及远、由尊而卑依次递送。在圆桌就餐时，从右侧以顺时针方向依次递上。

（三）名片的接收

接收名片者应该起身双手接收，要认真地看一遍，遇到生僻难念的字时可以有礼貌地询问。拿到手的名片保存在名片夹内，不可来回摆弄。不可在接收的名片上面作标记或写字，也不可将对方的名片遗忘在座位上，或存放时不小心落在地上。接收者要回敬对方一张名片，如果忘记携带要向对方表示歉意。

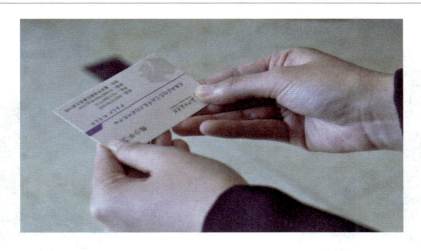

三、握手礼仪

握手礼是目前最为常见、适用范围广泛的见面礼。它代表的含义十分丰富，一般在见面、离别、祝贺、慰问、感谢、鼓励等情况下使用。使用握手礼仪时应注意以下三点：

第一，握手双方保持1米左右的距离，两脚立正，上身微倾，右手掌相握（男士握女士的四指），手指稍用力，力度适中，时间以3秒为宜，双目注视对方，面带笑容。

第二，握手的顺序通常遵循尊者优先、女士优先，在职场中位高者优先的原则。一般先伸手者为上级、主人、长者和女士。

第三，握手时不能戴手套，手上不要有污渍，在与贵宾握手时要快步上前以视重视与尊敬之意。

四、点头礼仪

点头礼仪就是头部轻轻向下一点，其适用范围很广。旅游接待服务中一般路遇客人而无法一一问候时可使用，须面带微笑，且不可反复点头，幅度也不可过大。

五、挥手礼仪

挥手礼也叫举手礼，一般用于送别场合。行礼者须全身站立，上身与头部面向对方、面带微笑，五指并拢、指尖朝上，手掌面向对方，左右挥动，幅度不宜过大。

第五章
语言礼仪

有句谚语是"良言一句三冬暖，恶语伤人六月寒"，这告诉我们，平日里在与人交际时要注意语言礼貌，以形成良好的交际氛围，尤其要避免故意伤害对方或者无意的语言刺激。因此，礼貌用语更是服务人员应首当具备的良好职业素养之一，良好的语言选择和运用能体现出服务人员的较高的文化素养与职业素质。服务员的礼貌用语规范是改善服务水准、提高服务质量的重要因素。

语言作为社交工具在旅游接待服务中至关重要，接待者主要通过语言对客人传递敬意、欢迎、友好、感谢、歉意等信息和情感。在与客户进行语言交流的过程中，要做到声音柔和，语言文明、目光亲切，表情自然、态度诚恳。

乡村旅游服务人员可以在合适的场合少量使用具有特色的方言或者民族语言。乡村旅游服务人员尤其要做到语言标准、语调柔和，嗓门不要过大，更不能大声吼叫。

一、服务语言种类与运用

（一）称呼语

称呼语是指对客人尊称的语言，在使用过程中要体现出对顾客的身份、性别表示尊敬之意。称呼语常见形式有：一般称呼，如先生、女士、小姐等；亲近称呼，如大爷、大妈、阿姨、大哥等；职务称呼，如经理、处长、校长等；职业称呼，如律师、老师、医生等。

在对客服务场合，若知道对方职务和职业，一般以职务和职业称呼，且就高不就低。

（二）问候语

问候语能表达出对客人的尊重与关切之感。问候语有多种形式，常见的有以下几种：

一是见面问候语，即与客人见面时主动使用的问候语，如"您好，欢迎光临！""您好，欢迎欢迎！"等。

二是时间问候语，即根据不同的时间使用的问候语，如"早上好！""下午好！""晚上好！"等。

三是节日问候语，即在节日来临时问候对方的语言，如"新年好！""中秋快乐！"等。

四是当顾客身体不适或生病时，应主动表达关心，可以使用慰问语，如"请保重""祝您早日康复"等。

五是当天气发生变化时，可以使用提醒类的用语，如"请备好雨伞"等。

您好，欢迎光临。

（三）迎送语

迎送语包含了迎接语和欢送语两种。它是一个服务的连贯、由开头至结尾的完整的过程，应该形成配套，使服务有始有终。

迎接语是指对客人的到来表示欢迎的语言，如"欢迎光临，里面请！""见到您非常高兴"等。使用迎接语时，要态度热情、声音响亮，必要时要与服务对象施以见面礼，如注目、点头、鞠躬、握手、指引等。

欢送语是指对客人的离开表示告别的语言，如"再见！""请慢走！""欢迎您再次光临""祝您一路顺风"等。使用欢送语时要求声音响亮有余韵，面带微笑，且配合挥手、点头或鞠躬等。

欢迎光临，里面请。

（四）致谢语

致谢语是指对客人的帮助、赞扬或意见表示感谢的语言，如"谢谢您的帮助""非常感谢您的提醒""谢谢您的夸奖"等。使用致谢语时要求做到及时、清楚与爽快。

当服务人员收到顾客的赞美、得到客人的理解与帮助或者感受到对方的善意时，服务人员应使用致谢语给予回应，意在表达感激之情。使用致谢语时要做到以下几点：

欢迎您再次光临。

谢谢您的夸奖。

当得到他人帮助时要致谢。当别人提供了帮助时，服务人员一定要及时致谢以表达自己的感激之情，如"谢谢""十分感谢""多谢"等。

致谢过程中要真诚有礼。让他人感受到你致谢时内心的真诚，不要敷衍了事。

及时致谢。要及时对他人的善意帮助表达感谢，口头致谢最好，一般不要事后很久才表达谢意。

（五）致歉语

致歉语是指自己做错事或给客人造成了麻烦表示歉意的语言，如"对不起，实在抱歉！""对不起，打扰了！""对不起，让您久等了！"等。使用致歉语时要求主动而诚恳。当然，服务者的致歉语使用频率越低为好，优质的服务极少有使用致歉语的情况。因此，服务人员要不断提升自我的服务水平以及服务素养。

（六）征询语

征询语是指为客人提供服务时主动征求客人意见的语言。在客人做出选择时、客人需要帮助时、服务人员征求客人意见时运用。使用征询语时，服务者要专心倾听对方的语言，做到专注、语气平和，不能在交流过程中表现出不耐烦、催促的情绪。使用征询语时要用协商的口吻，如"我能为您做些什么吗？""现在可以上菜了吗？""我可以进来吗？"等，先征得客人的同意再服务，不可自作主张。

（七）指示语

指示语是指在为客人指引方向或指示时使用的语言，如"请一直往前走""请随我来""请稍等片刻"等。使用指示语时要避免命令式的语气，目光要亲切，语气要柔和，并配以相应的服务手势。

请随我来。

（八）应答语

应答语是指针对客人的提问或服务要求作出回应时的语言。服务人员针对客人的要求一般不能直接表示"不"或不回应，应当及时回应"对""好""是的""知道了""随时为您效劳""我会按照您的吩咐去做""马上去"等。当客人对服务人员提供的服务口头表示满意或表扬之时，一般用"您太过奖了""请不必客气""请多多指教"等回应。当客人因某缘故向服务人员表示歉意时，应及时接受，一般用"没关系""不要紧""我不会介意"等回复。使用应答语回应时要及时、声音洪亮。

（九）请托语

请托语是指请求客人配合、帮助时使用的语言。在使用请托语时可能会形成尴尬的氛围，恰当地使用请托语会有使对话由冰转暖之效用。因此，请求客人配合时服务人员的态度要温和、诚恳，不要出现语言生硬、冷漠的情况，如使用"请稍候""劳驾""麻烦您让一让"等语言。使用请托语时态度要诚恳，语气要委婉。

二、服务用语注意事项

一是养成使用礼貌用语的习惯，牢记礼貌用语十一字：请、您、您好、谢谢、对不起、再见。

二是做到"五声""四不讲"。"五声"即客来有迎声、客问有答声、工作失误有道歉声、受到帮助有致谢声、客走有送声；"四不讲"即不讲粗话、不讲脏话、不讲讽刺话、不讲与服务无关的话。

三是使用服务用语时，态度诚恳，语气柔和，配合手势、鞠躬等肢体语言。忌用蔑视语、否定语、顶撞语与烦躁语。

第六章
馈赠礼仪

馈赠是人们在人际交往活动中通过赠送礼品，向对方表达感谢、敬重、祝福、慰问、友谊等情感的一种交际行为。乡村旅游经营者以具有乡村特色的农产品、手工艺品等为媒介，通过馈赠的方式体现诚意，旨在加强与服务对象的沟通与联络，同时推广乡村特色产品品牌。选择礼品是一门学问，礼品的恰当与否会有不一样的效果。礼品选得恰当的结果便是好的、愉快的，礼品选得不恰当的结果便是事与愿违，严重的甚至会影响接下来的合作与交流。因此，良好的馈赠礼仪所能体现的不仅是服务者的素质，还能体现出所在乡村旅游经营单位的整体服务质量。

一、礼品的选择

（一）根据赠送对象选择

要使赠送的礼品恰到好处，就要事先细致地了解赠送对象的爱好、需求及禁忌，恰当地选择礼品，根据具体情况选择的礼物往往能够获得受赠者的满意，既反映出赠送者对受赠者的了解与关心，又增强了礼物的实用效果，使赠送者赢得受赠者的信任与好感。例如，对方平时注重保健养生，可以赠送绿色无污染的农产品；对方对某种瓜果或蔬菜过敏，或因某种原因对某一农作物有厌恶心理，在选择礼品时应避免触犯个人禁忌。

（二） 根据赠送目的的选择

赠送礼品有各种各样的目的，如答谢、祝贺、探望、慰问、增进友谊等。了解赠送的目的，才能决定礼品的选择。例如，探望病人时可选择乡村旅游目的地出产的畜牧水产品或新鲜水果，表示慰问与关心，希望对方早日康复；为了增进与客人的友谊，可以赠送给客人感兴趣的当地特色农产品，如一罐农家泡菜、无公害的蔬菜瓜果等，还能扩大当地特色农产品知名度，吸引更多回头客。

（三） 根据赠送时机选择

在乡村旅游服务接待中，作为乡村旅游经营者，在赠送给服务对象礼品时要把握时机，适时地送出才会增强赠送效果。通常在初次见面时向受礼者送上礼品，送礼时应简要表明送礼的意图并讲解礼品，语言不宜冗长。第一，送礼时要注意区分场合，避免公开场合当着众人的面将礼品送给其中的某一位，这样容易让其他人产生误会，感受到对方的轻视，同时也让收礼者有受贿之嫌。因此，可选择在私底下进行赠送。一般在特殊场合送出礼品效果更好，如传统节日、纪念日、喜庆之日、惜别送行、探望病人及感谢帮助等时机。例如，在月圆人团圆的中秋节，送上寓意象征吉祥、团聚的物品；在对方处境困难时馈赠礼品以表达真挚的情感。第二，送礼时要注意表达方式，表明送礼的来意时可以说"祝您旅途愉快"

或"欢迎下次光临"等委婉用词。送礼者应规范着装，送出礼品时要站立，双手递出，面带微笑，目视对方，附带说明礼品的寓意、作用、使用方法等。

（四）选择礼品的禁忌

在选择礼品时要注意不可送刀、伞、扇子、时钟、手绢等物品，因为它们意味着一刀两断、散伙、送终、流泪悲伤；忌讳用白色、黑色的纸包装礼品；忌讳同"死"谐音的数字"4"，送礼好双忌单，取其好事成双之意；忌讳为健康人送药品，为异性朋友送贴身用品等。总之，选择礼品时要注意对方的民族禁忌、宗教信仰禁忌及生活禁忌。

二、赠送礼仪

（一）赠送态度

赠送时，身体保持站立姿态，目光友善地注视对方，双手把礼品递到对方手中并伴随礼节性的寒暄，如"希望下次再来""祝您玩得愉快""区区薄礼，不成敬意，请笑纳""这是我特意为您选的时下最新鲜的果蔬"。

区区薄礼，不成敬意。

（二）赠送方式

赠送礼品有当面赠送、邮寄赠送与委托赠送三种方式。其中，当面赠送是最庄重的一种方式，它可以让受礼者充分感受到馈赠者的用心与诚意。

（三）赠送注意事项

一是重视礼品包装。包装材料的质量尽量要好，结实且便于提拿，因此，乡村旅游经营者最好制作带有自己标志品牌的包装盒或包装袋。另外，选择礼品包装纸的颜色与图案要注重受礼者的风俗习惯及禁忌。二是有得体的寒暄。中国人有自谦的习惯，但对自己带去的礼品，不应自贬、自轻，如说"顺路买的""不是什么好东西，凑合着用"等。

三、受礼礼仪

（一）受礼态度

接受礼品时态度从容大方，恭敬有礼，面对赠送者应起身站立，面带微笑双手接过礼品，然后伸出右手与对方握手，并说"谢谢！""您太客气了，谢谢！""让您破费了"等表达感谢的客套话。

（二）受礼注意事项

◇接受礼品时仪态大方，切不可盯住礼品不放，或过早伸手去接，或拒不用手去接，推三阻四后才接下。

◇礼品当面启封时，不要乱撕、乱扯，随手乱扔包装及礼品，对接受的礼品要珍惜和爱护。接过礼品之后，要将礼品放置在适当的地方，切不可对礼品吹毛求疵或说三道四。

◇有些礼品不能随意接受，相识不久便收到非常奢侈贵重的礼品要考虑其中的寓意，如果对方是善意的，可以委婉拒之；若对方有行贿之意，应当直截了当拒之门外，当然为了不影响与送礼者的关系，应在人少时或私底下拒绝。

第七章
通信礼仪

通信礼仪是指在使用电话、电报、电传、传真、电子邮件等现代通信手段时应遵守的礼仪规范。

一、电话礼仪

电话是旅游接待中必不可少的工具，服务人员要能够正确地使用电话，熟悉电话的接待技巧，掌握流程，遵守接电话、打电话和挂电话的基本礼仪，从而提高服务过程的整体质量，维护乡村旅游企业和人员的良好形象。

在使用电话时应做到讲究礼貌、语言简明、声音清晰、语速适中。基本要点是讲好普通话、面部带微笑、语调要轻柔、态度要和善。

（一）拨打电话礼仪

1. 时机合适

乡村旅游服务员打电话前首先应该注意时间的选择。一般情况来说，每天上午 9 点到 11 点、下午 2 点到 5 点、晚上 7 点到 10 点适宜给对方拨打电话。其他时间段，除非紧急情况，否则不宜打扰对方。

2. 节约时间

在通话时间长度上应注意控制时间，切记太长，打扰游客工作和休息，更不可与客人煲电话粥，每次通话时间宜控制在 3 分钟左右。

3. 内容简洁

提前准备好通话内容，即通话前将通话的内容罗列出来，通话内容应该简明扼要。同时，在拨打电话时，身旁也应该备有笔和笔记本，方便记录事情，以免匆忙找笔和纸张，浪费时间。

4. 语音信箱的正确使用

在对方不能接听电话或者没有其他联系方式，且情况紧急时，应该在语音信箱留言。应该先发条短信说明原因，不然会给对方带来误解，留言的时间不可过长，只需把主要事由交代清楚即可，并在最后留言：如果客人方便的话，请尽快回复。

（二）接听电话礼仪

1. 心情愉悦

接听电话时，注意面带微笑，语调亲切、温和，给对方留下良好的印象。

2. 接听及时

电话铃响不超过三声时接听电话，如果铃响三声之后才接起应道歉："不好意思，让您久等了"，然后询问对方："您好，我们能为您做什么？"

3. 程序正确

接听电话后主动问候"您好"，若对方未自我介绍，应主动询问："请问您哪位？""您找哪位？"如果对方找的人不在，可询问："您需要留言吗？"通话完毕后应向对方道"再见"，并由打电话者先挂断。

接打电话时发音要准确、清晰、温柔，确保对方能够听清你所说的内容，通话即将结束时，要再次确认通话的内容，减少失误的发生，提高工作效率。语言要简略得当，不可啰啰唆唆，不可说粗话，要使用规范用语。

（三）挂电话礼仪

在通话结束时，服务员应该热情主动地表示感谢对方的来电，然后主动向客人说告别语，等待对方挂断后听到嘟嘟声，才可以放下听筒。

二、电子邮件礼仪

电子邮件是现代使用频繁的一种通信方式，在乡村旅游接待中也常会使用电子邮件，如乡村旅游信息咨询、服务质量信息反馈、加强对客交流等。电子邮件是用书信的方式进行交流，可按照书信的格式称呼、敬语、落款，在使用时要注意相应的礼仪规范。电子邮件用语应该言简意赅，礼貌规范，直奔主题。在使用电子邮件时应注意的礼仪规范有以下几点内容：

第一，在主题板块上应该标明主题内容，方便收件人了解来信的主题。书写完毕后一定要检查是否有语法和拼写的错误、错别字。如果有具体的文档格式要求，应该按照具体要求书写。一切以方便接收者阅读为前提，合乎规范，并且要仔细检查，避免出现小错误，带来不良影响。

第二，在发送电子邮件时，应该检查收件人的信息是否错误，还要对本身的电子邮件检查是否存在病毒，如果带有病毒的电子邮件发送出去，会给收件人带来麻烦。一般情况下，可采用贴文方式代替附加文件，避免病毒性文件的传送。在发送电子邮件时，应该在正文的空白处注明来意，否则收件人会因为它是垃圾邮件而处理掉，如果是重要紧急的事件可以发送两次，以引起收件人的重视注意。

第三，发送完后可以通过其他方式联系收件人询问对方是否已经收到邮件，或者再次提醒对方注意接收文件，并及时回复。

第四，定期查收、及时回复。定期查收邮件并及时回复，以免遗漏来自客人的订单或咨询。若因故未能及时打开或回复的邮件，应及时补办，并向客人致歉。此外，还应定期整理和归类，以便建立清晰的客史档案。

三、传真礼仪

传真机是现代远程通信的重要工具，它的方便快捷使其在现代商务活动中得到广泛使用。在乡村旅游接待活动中通常利用传真机传送文件、接收订单等。在使用传真机前应该先通知对方，以避免发送错误或者收件方不能及时收到。

传真内容篇幅不宜过多，一般是简短的文件。重要紧急的文件应该予以标明，引起收件方注意。在正式场合中应该注意封面设置，注明传真人和接收人的身份、地址、主题、日期，方便彼此阅读，这是比较规范化的操作。

注意保密措施，多人共用的传真机保密性不高，所以说在使用传真机时应注意安全隐患。在传送保密性、机密性的文件时，应该考虑到是否存在安全隐患，一定要注意安全、保密，注意周边环境，发送过去后也要删掉记录。

第八章
接待服务礼仪

乡村旅游接待服务礼仪是指迎接客人来访的基本礼仪规范，包括迎客、待客和送客三个环节。乡村旅游接待服务礼仪的要求是做到悉心准备、热情迎接、主动招呼、礼貌送别。

一、迎客礼仪

客人到来之前，需了解客人的姓名、性别、单位、人数及到达日期、交通工具等基本信息，并制订好接待方案。提前布置好接待室或客房，准备接待物品，如茶具、小吃、水果、纸巾等。工作人员应整理好个人妆容，以饱满的热情迎接客人。

客人到达后，派专人在门口或楼下等处迎接，若是来自远方的客人，应主动提供到车站、机场、码头的接站服务。

二、待客礼仪

　　游客乘坐的车辆到达后，负责迎宾的人员应及时走上前去文明地引导车辆。待车停稳之后，迎宾人员应站在车的右侧，左手拉车门、右手护顶，为客人提供下车服务。若客人为佛教僧人、教徒或穆斯林，注意不要护顶。对于小孩、老人及孕妇，应格外留心，协助他们安全下车。客人下车后，一方面迎宾员招呼行李员为其提供行李服务；另一方面应主动、迅速、热情、周到地为客人安排好行李寄存、登记问询、客房入住、餐食制作等其他接待活动。在整个待客过程中，要求服务人员精神饱满、站位适宜、操作规范、有条不紊。

三、送客礼仪

客人离开之前，工作人员应事先整理好消费账单，并仔细检查核对，完成付款结账工作。仔细检查客人就餐的餐位、入住的客房有无物品遗留，如有遗留应提醒客人。主人或服务员还应起身相送，如有土特产品或纪念品可提前准备赠予客人，以给客人留下更深的印象。条件允许的情况下，可将客人送至车站、机场或码头。

第九章
中餐散客服务礼仪

在我国，乡村旅游目的地主要的客源来自国内，而且大多以散客为主。因此，在乡村旅游餐饮接待中，主要为散客提供中餐服务。中餐散客服务礼仪主要包括餐前服务礼仪、餐中服务礼仪和餐后服务礼仪。

一、餐前服务礼仪

乡村旅游用餐场所通常环境优美、自然生态良好、空气清新、宁静悠闲，为了用餐环境与周围环境相协调，应保证用餐环境干净、卫生。同时，服务人员热情主动的服务态度、整洁的仪表，会给游客留下良好的第一印象。作为餐饮服务的第一步，餐前服务工作内容具体包括准备工作、迎宾、斟茶及点菜环节。

（一）准备阶段服务礼仪

首先，在餐厅营业前15分钟进行服务人员的集中，由当天的值班主管对服务员进行餐前的指导与安排，说明当天中午或晚上的预订情况，安排好分工与合作，并做好相关接待的提醒工作及注意事项。

其次，做好餐厅环境的清洁工作，如清洁地面、整理餐桌和餐椅、摆好餐具和桌饰。

最后，服务人员做好上岗前的个人卫生，整理好仪容仪表，并对当班服务员仪容仪表进行检查。要求女服务员着淡妆，男服务员整洁卫生，制服干净，无污渍、无皱褶。

（二）迎宾服务礼仪

开餐前，迎宾员以标准站姿恭候在餐厅大门两侧。客人距餐厅1.5米左右时，迎宾员热情问候客人："您好，欢迎光临。""您好，请问几位？""您好，请问有预订吗？”然后根据客人人数、喜好及是否有预订等情况为其安排座位，并尽量安排在较安静、雅致的位置。客人走近餐桌后，服务员应主动用双手帮客人拉开座椅，热情地招呼客人入座。客人脱下外套后，应主动为客人将外套挂好。当有小孩或者婴儿时，要为其准备宝宝椅。

（三）斟茶及点菜礼仪

客人落座后，服务员应该立即倒上茶水，然后询问客人是否有其他的需要，没有需要则可站在操作台等候。在值台时，服务员应该坚守岗位，时刻关注。若客人需要菜单，则将菜单从客人的左边递上，让女士、主宾优先点菜，服务员则站立在一旁，适时耐心地给客人提供建议和参考。

二、餐中服务礼仪

餐中服务礼仪是指服务人员为客人在用餐过程中提供一系列的规范服务行为，主要内容包括上菜、摆菜、分菜、斟酒、撤换餐具等。

(一) 上菜礼仪

客人点完菜下单之后，服务员应站在操作台旁随时关注客人，巡视四周，观察周围是否有客人需要服务。上菜时机应根据客人的需要和进餐的快慢来决定，一般情况下客人点菜后 10 分钟内凉菜要摆上台，热菜不超过 20 分钟。上菜时要注意从客人左边上菜，可从陪同人员中间进行，千万不可在主要宾客之间进行。另外注意不能把菜越过客人头顶，手指不能触碰在菜肴上。待所有菜上完之后，应小声地告知客人"菜已上齐，请慢用"。

（二）摆菜礼仪

农家特色鲜明的菜品、价值较高的菜品、乡村野味等菜品应放到或用转盘转到主宾位置，并做适当介绍。每上一道菜，都要给客人们报菜名，报菜名的时候，切不可离菜盘太近，以免唾沫飞溅，在菜肴较多时避免盘上叠盘。

（三）分菜礼仪

分菜时按照先主要宾客后一般宾客的顺序分配，分量要均匀。添菜时要征得客人同意，客人祝酒或发表讲话时，应停止上菜。分菜的地点可以是厨房或餐台，分菜时不要讲话，分菜的量尽量做到均匀，把菜品最优质的部分分给尊者或主宾。具有乡村特色的菜品，应根据当地风俗进行切割和分发。

（四）斟酒礼仪

客人点酒水后，先让客人当面确认，再回到操作台打开。斟酒时，服务员侧身站在客人右后侧，右手紧握酒瓶的中下部，酒瓶商标朝向客人，瓶口在杯口上方2厘米左右处，瓶口不可紧贴杯口，以免不卫生或发出声响。向杯中斟酒，一般先主人，后主宾，然后其他人员，按顺时针原则依次进行。

（五）撤换餐具礼仪

服务员除了上菜，期间还要随时观察客人，经常巡台，热情、主动地为客人斟酒、换骨碟，一般的中餐换碟次数在 3 次及以上。如果客人面前的骨碟较满，应及时撤换，不可在客人进食时撤换餐具。撤换时要轻拿轻放，从主位右侧进行，动作利索优雅。

在整个服务过程中，不可以长久地站立在一个地方，更不可以奔跑，站立时应面向宾客，身体要端正、挺拔，面带微笑地服务宾客，与宾客谈话时声音要轻柔、缓慢。在处理宾客的事情上应该有先来后到的顺序，把握好轻重缓急，不可以遗忘其他客人的需求。

三、餐后服务礼仪

（一）结账礼仪

客人招呼结账时，服务员应检查此次用餐是否有其他加菜或者另点酒水，然后告知前台收银处，把账单正面朝上放在小托盘或双手拿住，从客人左边进行递送。如果客人是现金结账，一定要在客人面前当面点清，以防出现误会。找零后，礼貌地对客人说："您好，这是找您的零钱，请您清点并收好。"客人付款后，表示感谢，并征求客人的意见。

（二）送客服务

当客人起身时，服务员应对就近客人拉椅送客，动作轻快灵敏，检查台面有无丢失破损的情况，提醒客人带好自己的随身物品，服务员还要做好最后的检查工作，然后热情地送客人到餐厅门口，并道别："感谢您的光临，欢迎下次再来。"期间可以主动与客人交流，若客人需要去娱乐场所，可以帮助推荐。

（三）检查收台

送完客人后，服务员应回到桌前再次检查是否有客人遗留的物品，若发现有遗留物品，应及时交到前台。然后收拾餐桌，做好餐桌的清理卫生，再次摆好台面。同时做好餐桌地面的清洁，为下一餐做好准备。

服务期间的注意事项：

◇不可穿拖鞋、短裤上岗；

◇客人面前不可吸烟、吃喝、挖鼻、剔牙、抓头、打嗝、打喷嚏、打哈欠等；

◇不可吃辛辣刺鼻的食物上岗；

◇不大声喧哗、不高声应答；

◇说话轻、走路轻、操作轻；

◇送取菜品应使用托盘，取低矮处的物品应屈膝下蹲，不应低头弯腰；

◇为老弱病幼客人提供方便其使用的桌椅餐具。

第十章

宴会服务礼仪

随着乡村旅游的发展，乡村旅游接待能力不断提升，相继出现星级农家乐及高档乡村酒店，可以承接不同规模、不同类型的宴会，如旅游团队、商务会展、政务接待等。

一、宴会前的准备服务礼仪

承办宴会，必须对宴会的整体规划有充分的了解，根据宴会主题、对象、规模、费用及举办方要求等，提前一天完成宴会场地的布置。充分了解宴会人数、桌数、宴会时间、宴会菜式、客人身份及参加宴会客人的饮食忌讳及特殊要求。中国主题宴会的服务和规格通常比较高端，场面隆重，一般为正餐，需提前预订。

宴会餐标以客人的消费选择为标准，宴会承接方会依据拟定的标准安排出席规格、菜肴品种、服务标准。针对我国而言，午宴更为正规和隆重。作为酒店方，要布置宴会场地，从宴会通知单上了解参加宴会的人数，进行台型风格设计，做好现场音响设备的准备、用餐餐具的准备以及完成特殊要求等。在主题宴会的场地布置中也要注意相关事宜，如宴会中要突出主桌；预留客人行走的通道方便客人行走和服务员传菜，或者作为预防突发情况发生的应急通道；同时要准备休息厅和相关的茶点服务。宾客的停车位也应提前预留，避免交通堵塞影响其他贵宾的正常用餐等。

（一）预订宴会时间与餐标

通常乡村旅游接待中的中餐宴会需要举办方提前预订，双方协商谈妥宴会事宜，先交定金。宴会时间以午宴和晚宴为主。宴会餐标则是根据举办方的要求和资金来决定，应注明客人的饮食忌讳及特殊要求。

（二）服务人员分工

根据宴会规模的大小确定员工人数，科学分配、合理分工才能使宴会顺利进行。

（三）宴会指示牌

若宴会规模较大，为确保客人能准确地找到宴会楼层地点及所在桌次，宴会主办方通常会在门口的旁边摆放宴会名称相关信息的展示牌，安排特定服务人员迎接客人，并指引客人到相应的位置。同时，在宴会厅场内的桌上摆放桌号牌（用阿拉伯数字），方便客人找到自己的位置。

（四）场地的布置

在乡村旅游接待中，一般旅游团队的中餐宴会不会注重餐桌上的席次排列，但规模较大的商务或政务接待宴会，则有必要注重宴会的桌次与席次安排。因此，中餐宴会应依据宴会的档次、人数、类型、宾客的要求设计宴会布局。根据桌数和舞台，确定主桌位置，且主桌位置要明显，餐桌有序排列，间距合理，一是方便客人行走，或遇突发情况时方便人员疏散，二是方便服务员上菜，在席间操作。

1. 桌次安排

在规模较大的商务或政务接待宴会上，倘若所设餐桌不止一桌，则有必要正式排列桌次。排列桌次的具体讲究有以下三种：

（1）以右为上。当餐桌为左右横向排列时，应以居右之桌为上。此时的左右，是在室内根据"面门为上"的规则所确定的。

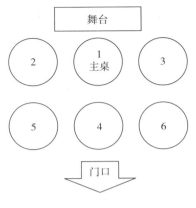

以右为上的桌次图

（2）以远为上。当餐桌竖排时，桌次讲究以远为上、以近为下。这里所讲的远近，是以距离正门的远近而言。当餐桌距离餐厅正门有远近之分时，通常以距门远者为上。

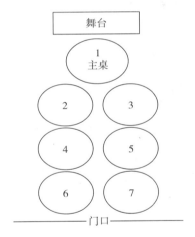

以远为上的桌次图

（3）居中为上。当多张餐桌并排列开时，一般居中央者为上，餐桌整向排列以远为上，多张餐桌并排列开居中为上。在安排多桌宴请的桌次时，除了要注意"面门为上""以右为上""以远为上"等规则外，还应兼顾其他各桌距离主桌的远近。通常，距离主桌越近，桌次越高；距离主桌越远，桌次越低。以上三条桌次安排的规则往往是交叉使用的。

在安排桌次时，所用餐桌的大小、形状和摆台要基本一致。除主桌可以略大外，其他餐桌都要一致，不可过大或过小。

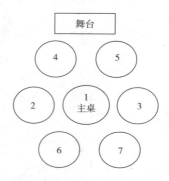

居中为上的桌次图

2. 席次安排

在宴会上，席次具体是指同一张餐桌上席位的高低。中餐宴会上席次安排的具体规则有以下四条。

第一，面门为主。即主人之位应当面对餐厅正门。有两位主人时，双方可对面而坐，一人面门，一人背门。

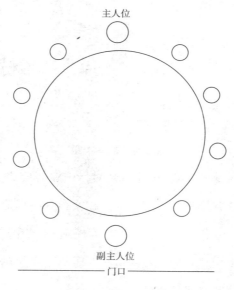

面门为上的座次图

第二，主宾居右。即主宾一般应在主人右侧就座。

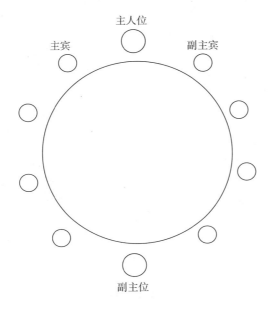

主宾居右的座次图

第三，好事成双。根据传统习俗，每张餐桌上就座人数应为双数。

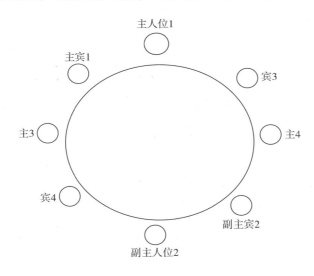

八人桌的示意图

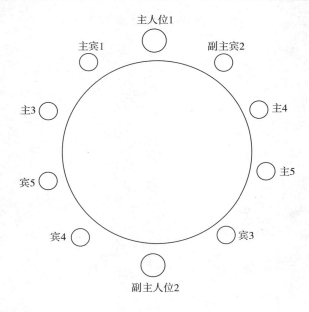

十人桌的示意图

第四，各桌同向。通常情况下，宴会上的每张餐桌的排位均大体相似。

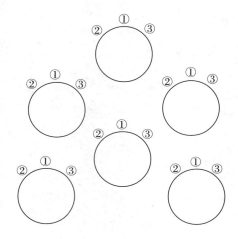

多桌排位同向的示意图

（五）宴会摆台

宴会摆台需要提前完成，事先铺台布，上转盘，摆放餐具（骨碟、小碗、汤匙、筷架、筷子、口布），并进行全面的清洁。仔细检查现场的桌子、椅子、椅套是否干净、有破损，设施设备是否正常运行，两旁的操作台是否摆放好、用具是否备好。做好紧急事件的预防工作，以便发生时能灵活应对。

（六）宴会物品准备

在宴会开始前 2 小时左右，应把宴会所需的各类餐具、酒具、用具都摆上桌，检查备用的红酒分酒器、佐料、备用餐具、温水是否都完善，菜单也要提前放在桌子上，领班服务员要熟记主题宴会的上菜次序及菜名，还要熟悉每一种菜的特色，能流利地回答宾客关于菜肴的问题。

二、宴会进行期间的服务礼仪

（一）引导宾客入席

1. 迎宾

服务人员在宴会厅门口迎宾时，要注意自己的仪容仪态。宾客到达时，要热情迎宾、礼貌相迎、微笑问好。服务人员在指引客人时，应该在宾客侧前方一米左右的距离行走，并要时不时地回头示意客人，"您好，先生/女士，请往这边走"，同时要用正确的指引手势指出方向。在宴会还没有开始的时候，可以把客人带去休息室，提供茶水服务，请宾客稍稍休息，再进入宴会大厅。

2. 宾客入席

宾客走到餐桌前时，服务人员要迅速地用双手拉开座椅，右腿在前用膝盖顶住椅子的后部，等待客人落座后，再询问客人是否有其他需要，如有则尽可能满足客人的需求，如没有则退到一旁等待。在团体中，就座时应该先为主人服务，然后依次按照顺时针方向提供入座服务。

3. 餐前服务

客人入座后，应该先用托盘呈上热毛巾，然后端上热茶，并询问客人是否还需要其他的服务。递送的服务标准依然是从主人位开始，然后依次按照顺时针方向进行，动作要优雅端庄、娴熟敏捷，避免碰到客人。

（二）按时开席

通常情况下，先将凉菜按照菜品规格摆放在桌上。宴会延迟 10 ~ 15 分钟开始是允许的，不到迫不得已延迟不可以超过 30 分钟。如果宴会延时过久，不但会冲淡客人的兴致，还会影响宴会的气氛。另外，备餐都是提前准备好的，如果耽误的时间过长，会影响菜品的口感与色泽。

1. 致祝酒词服务

致祝酒词通常安排在宴会开始前，即先致辞后用餐，因此，服务人员应提前 10 分钟将客人的酒杯斟满。在客人致祝酒词时，服务人员不得随意走动、大声喧哗。

致辞完毕后，服务人员应立即撤花瓶（席位签）、为客人铺好餐巾、去筷子套，从主宾右侧开始逆时针转，撤去冷菜的保鲜膜（用服务夹操作）。

2. 上菜服务

（1）服务员上菜时要选择一个固定位置，应尽量避开年老者、幼者、孕妇等客人位置，也不允许在主人位和副主人位中间上菜。上菜时应轻声提醒客人，避免影响客人正常用餐。

（2）服务员在上菜时要讲究摆菜的样式搭配，所有的菜式都要将展示面放在客人的正前方。依照中国的传统习俗，"鸡不献头，鸭不献掌，鱼不献脊"，即不能将鸡、鸭、鱼的头和尾朝向客人，一律把头朝右，把腹部朝向客人。荤素搭配、冷热搭配，甜汤、咸汤分开放，尽量把新上的热菜摆放在转盘的外围，冷菜往中心摆放。上新菜前要把旧菜撤下，撤旧菜前先询问客人是否需要添加，如果不需要，要把剩得少的换成小碟或者直接撤下，补上新的热菜。

（3）服务员在上菜的过程中一定要仔细核对菜名和数量，绝对不能出现同菜上桌或是少菜的现象。在上菜的速度上也要严格把关，不可太慢也不能太快，要根据自己的经验判断上菜的速度。每当上农家特色菜肴时，应报菜名，并作简要介绍。服务员在报菜名时应面带微笑、口齿清晰、举止大方。

（4）服务人员在上菜期间应灵活把握时间，同时还要结合客人对上菜速度的要求和厨房出菜的快慢灵活上菜。冷盘的菜吃到一半时，要上热菜。上完最后一道菜式时，要告诉副主人"菜已上齐，请慢用"。主人或者宾客上前祝酒或发表讲话时，应该停止上菜，同时要及时斟酒。

（5）服务员上单人份菜或者糕点的时候，高级宴会按照先男主宾客，后女主宾客，再主人和一般客人的顺序远近距离进行分配；重要大型的宴会，一般有两位服务员，所以分别从主人位和副主人位开始上，然后再按照顺时针进行。如果客人有其他要求，要尊重并满足客人的要求。

（6）服务员分菜的时候要注意把优质部分分给主宾和副主宾，同时要掌握好分配菜的分量。加菜时要征求客人的意见，如果客人谢绝，则不要勉强。

客人未结束用餐前，酒杯和水杯都不能撤下，除非是客人要求撤下。

（7）席间服务。在整个宴会的服务过程中，服务员除了上菜，还要巡视四周、为客人斟酒、换骨碟等。中式用餐骨碟里的残渣物达到三分之一时，要撤换新的骨碟，一般宴会换碟次数在3次及以上。撤换的过程中要轻拿轻放，动作要优雅迅速，还要注意客人的用餐习惯，客人把筷子和汤匙放在哪个位置，换上干净的骨碟后也要按照原样摆放。如果提供了烟灰缸，则也需要及时更换。客人未结束用餐前，酒杯和水杯都不能撤下，除非是客人要求撤下。席间细心观察客人的示意动作和表情，主动为客人提供优质的服务。

（三） 斟酒服务

酒水应由客人选择并确认，服务员不得擅自做主。打开酒瓶或饮料时，确保酒水饮用前包装完好，再在操作台上进行。若为高档酒水时，应先向宾客展示，确认无误后再进行下一步操作，如红酒，先展示酒标后再进行开酒、醒酒的步骤；另外，白酒需要提前为每位客人准备小型分酒器，依次放在客人的右手边。

斟酒的顺序一般情况下是尊者为先。先是主人位再是副主人位，然后按照顺时针的方向绕桌倒酒。斟酒时应该注意侧身站在客人的右侧进行，不可站在同一个位置给两位客人斟酒。

斟酒要注意酒水顺序，先倒烈性酒，再倒果酒、啤酒、饮料。斟酒时，瓶口不能碰到杯口，不能拿得过高，以免酒水往外溅，同时还要注意酒水的商标始终要朝向外，面对客人。

倒香槟酒或者其他冰镇酒类时，服务员的左手要放一条折好的口布，用于沾拭倒酒过程中瓶身的水渍和倒酒后瓶口残留的酒水，以免滴漏在餐桌的桌布上影响美观。如果在斟酒过程中不慎洒漏，要及时递送毛巾和餐巾纸协助客人擦拭。

倒酒的浅满程度要根据不同酒的要求和饮酒的风格来定。中餐中的白酒常斟满杯，以示对客人的尊重。斟倒啤酒时应先斟酒杯的1/3，待泡沫平息后再斟酒杯的2/3。

倒酒的过程中因为操作不慎将酒杯碰翻或是碰碎，应该立即向客人道歉，然后迅速撤下破损的餐具，用餐巾纸将洒出的酒水吸干，并更换酒具。

三、宴会结束后的服务礼仪

（一）结账服务

宴会接近尾声时，客人已不再加菜或是有其他需求，需要告诉上级主管打印账单，清点好所有客人消费的产品，不能出现误差，依次报给主管。付账时，若是现金，一定要当面清点清楚；若是签单、签卡或者转账结算的方式，应将账单交给主人或者是宴会的主办人签字后交给部门收银台的负责人，及时投账。

（二）离席服务

宾客用完餐起身离开时，服务员要主动为客人拉开椅子，方便客人离席，并适时提醒客人带上自己的随身物品，不要遗忘。在将客人用餐前放置的衣帽递送给客人时不要倒提，以防衣服里的东西掉出。

（三）送客道别

宴会用餐结束后，服务员主动送客人到门口，然后再离去。在送客人的途中，应面带微笑与客人交流，了解客人对菜品与服务的要求是否满意，征求意见。如果客人有什么不满意的地方，应该向客人表示歉意，并告知客人我们会改进、解决问题。对将要离店的客人道谢，并欢迎客人下次光临。

第十一章
客房服务礼仪

在当代，乡村旅游是最受人们欢迎的休闲方式之一，人们会利用周末或节假日到乡村放松身心，回归自然。目前乡村旅游住宿接待主要有民居旅馆、休闲度假村等类型，其中大都以民宿为主，由于存在设施质量参差不齐、服务水平不高等问题，影响到客人的体验感受，因此亟须进行规范指导与相关培训。客房被称为客人的"第二个家"，因此要给客人提供一个健康、安全、舒适的环境，我们应从入住前、入住期间及客人离店三部分进行规范。

一、入住前服务礼仪

入住前服务礼仪主要是游客入住前的准备工作，即提前准备好服务中所需的物品及事项。准备工作是服务工作中的首要环节，直接关系到后面几个环节的顺利开展，以及整个服务流程的服务质量，且会直接影响顾客的满意度。因此，作为客房服务人员，应该在客人入住前做好周密的准备工作。

（一）了解入住客人的基本信息

为了准确地进行服务工作，客房服务员必须先从前厅部了解到将入住客人姓名、性别、年龄、人数、国籍、身份、入住时间、离店时间、出游方式、交通工具、健康状况、饮食习惯、宗教信仰等基本信息，以及预订房型、有无特殊要求、接待标准。根据提供的信息与上级主管的吩咐，做好客人入住前的准备工作。

（二）客房的布置、设备以及卫生的检查

客房的清洁必须严格要求，要做到眼看见处无污渍，手触摸处无灰尘，设备用品安全与干净，空气清新无异味。房间卫生达到七无：四周的墙壁无灰尘、蜘蛛网，房间无异味，地面无垃圾、污渍，床上用品无破损、污渍，房内家具及用具明处无尘、污渍，金属器物无锈斑，无异物（蟑螂、老鼠、蚊子、虫子、蚂蚁）；房间卫生达到六净：四壁净、地面净、家具净、床上净、卫生器具净、房内物品净。

客房服务人员应根据客人基本信息、风俗习惯、生活特点、入住需求等对房间进行布置、安排并做好以下检查：

◇检查门及门锁能否正常灵活开动，有无噪声，门牌号是否干净、清晰，猫眼、门反锁是否正常，门后的安全通道图是否完整、干净。

◇检查茶几上的咖啡与茶包、两只茶杯、茶碟和茶匙、酒水单、玻璃杯等是否完整、干净、整洁。如有问题，必须立即更换。

◇检查写字台是否清洁，抽屉里的酒店简介、服务指南、客人须知、信纸、信封等文件是否需要补充或更换，单行簿和宣传手册是否摆放整齐。客房服务人

员应按房间档次摆放欢迎卡片，如有重要客人应按酒店标准准备水果，表示欢迎。在合理情况之下，客人如有特殊需求应予以满足，客人有忌讳的物品应提前撤离房间以示尊重。

◇检查客房的床上用品是否俱全，床单和被套是否保持平整、干净，有无污渍、异味，枕头是否摆放整齐，床旗有无褶皱；检查床下是否清洁，有无灰尘和垃圾。

◇检查衣柜是否清洁，里面必备的物品是否俱全，角落是否有灰尘与其他异物。检查浴室五巾（浴巾、面巾、澡巾、地巾、方巾）的摆放是否标准、整齐，检查浴缸与四周的墙面是否明亮、无污渍，所有电镀制品和浴室灯的开关是否保持光亮。所有客用品是否整齐放在托盘内。镜子是否干净无水印。卫生间的马桶、台面与地面是否清洁，确保卫生间无异味、已消毒、正常。

◇客房服务员应按照接待规格来服务，如果是 VIP 客人，要将酒店经理的名片放在桌上，并在房内准备鲜花或水果以表示欢迎。

◇检查房内家具、灯光、电子设施设备等是否都能正常工作，如有损坏要及时报修。要试放面盆、浴缸的冷热水，如发现水质混浊，须放水直到水清为止。

（三）迎客的准备

根据客人提出的特殊要求，做好客房相应的准备工作，如客人要求客房朝向田野、树林等自然风光，则要预留出符合要求的客房；根据客人要求提前调好客房室内温度。迎宾及相关接待人员应精神饱满，整理好仪容仪表，面带微笑迎接客人的到来。如果客人晚上 8 点左右到达，应做好夜床服务，拉上窗帘、打开夜灯。

二、客房服务礼仪

（一）客房接待服务

1. 楼层迎客

当客人到达入住房间的楼层后，客房服务人员应该面带微笑、积极主动地上前迎接，并帮助客人提拿行李物品，如果宾客谢绝帮助，不能有强拿、硬拿的不礼貌行为。根据客人的性别和身份热情地问候客人，如"先生/女士，您好！""欢迎入住××酒店"，问清房号后引领客人到达房间。

2. 介绍房间内相关信息

服务员将客人引领到房间门口，开门后侧身站立，请客人先进。进入房间后，客房服务人员应该主动介绍房内设备及使用方法，简单介绍酒店提供的服务项目及周围乡村旅游特色项目，如果是二次入住的客人可以省去此工作。若客人没有其他服务要求，服务员应面向客人先退后一两步，再转身关上房门离去。

3. 端茶送毛巾

客人入住客房，客房服务员应遵循客房服务三到原则：客到、茶到、毛巾到。最后祝客人住店愉快，面向客人温柔地关上房门离去。

客房接待服务的注意事项：

对初次来店的客人，尤其是 VIP 客人，应询问其饮食爱好、用餐的标准，根据客人要求，给客人相应的推荐，并向客人介绍酒店及乡村美食特色等。

客人入住期间，应尽量满足客人的合理要求。例如客人需要送餐服务，一般是由餐饮部用托盘或者餐车将食品送入客房，楼层服务人员应该协助餐饮服务员，代其开门，提高效率，同时送餐人员不能单独进入房间，尤其是客人不在房内时，楼层服务员必须陪同，等餐饮人员离去后才可以离去，楼层服务员还要和客人协调沟通在房内用餐的相关事项。对客人需要的报纸、杂志等要及时送达，如因有原因不能立即送达，要向客人致歉，说明原因，下次改进。

上班时间遇见宾客，要主动打招呼，不能视而不见。3 米内应微笑点头示意，1.5 米内要主动问候客人。与客人同路时，要主动礼让客人，不可以与客人一起并行，如遇急事要先于客人行走，应先致歉，然后再加快步伐离去。

不能与其他服务人员聚在一起谈论宾客的事情、个人隐私、生理缺陷、行为习惯等，更不能给客人起绰号，工作期间应保持安静，不能大声喧哗或与他人嬉笑打闹。不能在走廊内奔跑，打扰其他住房客人的休息。

如有需要进入客房与宾客说事时，应说明来意，简洁明了。如被客人邀请进入房间，房门必须半掩。客人请你坐下，应委婉谢绝。

与宾客交谈时，应先听客人说完再回话，不可贸然打断客人说话。如客人影响了我们的工作的进行，应礼貌委婉地告知客人，保持良好的沟通。

工作中如发生差错应立即主动并诚恳地道歉，不可强词夺理、推卸责任。对宾客的投诉要耐心倾听，虚心接受、马上改正。即使事情本身是客人不对在先，也不可以和客人争辩对错，应该先致歉，等待客人消气过后，再委婉解释，消除误会，达到良好的沟通。对于投诉后的宾客，仍要端正自己的工作态度，热情、周到地为其服务，不能因此记恨、不理睬客人。

（二）客房电话服务礼仪

1. 打电话礼仪

服务员要清楚自己的通话目的和对象，通话的号码要准确，避免出现拨错的情况。选择合适的通话时间，一般情况下不要打扰客人的休息。电话接通后要主动热情地向客人问候，自报身份和来意，要保证自己的通话质量好，声音温柔，在说重要的事项时适当地停顿与重复。通话结束前，要礼貌结尾，等客人挂断后再挂电话。通话过程中或结束后要及时做好通话内容记录。

2. 接听电话礼仪

接电话要快，服务人员必须在三声之内接通并应答。要使用标准的普通话，专心聆听，认真做笔记。要能熟练地使用本店的电话设备，如电话的转接功能。在通话即将结束时，可以再次同客人核对确认信息。通话时如有急事需要处理，应该和通话者说"对不起，请稍等一会，过后给你回话"。

3. 挂电话礼仪

需要等对方挂了电话才可以挂电话，任何时候都不可以比客人先挂电话，放听筒时也要温柔地放置。

（三）客房的清洁服务礼仪

正常情况下，服务员每天 14：00 前应清扫客房完毕，服务时应遵守以下的礼仪规范。

打扫客房之前，应先按门铃后轻敲门，并表明来意："客房服务。"征求客人同意后才可以进入房间打扫清洁。发现客房虚掩着，也要敲门，征求客人同意才可以进去。敲门的规范动作：用右手的中指或食指关节轻轻敲门三下，若无回

音，间隔三秒后再敲三下，敲三次后，确认房间内没人再进入房间工作。

房间门上挂有"请勿打扰"的牌子时，不能进入该房间，应放置清洁说明牌。过了下午两点后，客房仍处于"请勿打扰"状态时，可打电话到该房间，礼貌问候："您好，客房服务员，请问可以进入房间打扫清洁吗?"客人同意后才可以进入房间清洁。

作为客房服务人员，客房清扫要从上到下，从里到外，先铺后抹，环形清理，先房间后卫生间，干湿分离。客房与卫生间清扫应做到整洁明亮，无灰尘、无污渍，仔细检查客房的每个角落及细节。被套床单每日换洗，经过洗涤、消毒、烘干;茶杯、口杯要每日消毒擦拭，明亮干净无水印、水渍;拖鞋要每日换新。总之，各类客用物品始终保持干净、整洁、美观、舒适的状态，如客房的茶具、菜单摆放整齐，文具用品及时补充，烟灰缸和垃圾桶及时更换，用餐的物品从房内撤出等。

　　打扫客房时，不能随意翻动宾客的物品，如打扫时需要移动，清扫完后应把物品归置原位；客人在房内工作、读书、会议，不能在旁窥视、插话，打扰客人的工作；不能利用工作之便打听客人的私人信息，如年龄、职业、婚姻状况等；不能将宾客丢弃的任何物品带离酒店。清洁中发现客人遗落在房间的物品，应放在床头柜的明显处，确保客人能发现。

　　工作中不小心打坏物品，服务员应立马表示歉意然后继续进行清扫。若宾客不小心损坏酒店的易耗物品，应该立马换上新的并说明没关系，不能责备客人，当面让客人难堪。

客人有需要再次进行清洁，应该向客人说明已经做好清洁服务，如果客人仍坚持再做清洁，也要综合考虑，顺应客人的意思。

三、送客服务礼仪

客人退房前的准备工作包括检查账目是否已结清、代办事项是否都做完。检查账单，了解客人的费用是否结清，如果没有结清，应该及时和前厅部报备；有些客人结账后没有当即离开客房，而是逗留一段时间，客房服务人员要做好二次查房；检查客人交代的事项是否完成，以及了解客人的下一步行程是否需要帮助，如客人将要去的地方是否需要我们提供交通设备，或客人是来游玩的，需要我们规划路线给予参考，以及提供飞机、火车的班次；离开酒店之前，向礼宾部通知客人事项，安排好行程，给客人安排车辆；行李包扎和托运是否需要我们办理或是否已经办理好；若客人在早晨离店，客房服务员要询问客人早上是否需要叫醒服务，是否要准备早点。以上情况客房服务员应与有关部门联系（前厅部、餐饮部、礼宾部）确定核实，重要的客人还必须将情况汇报给上级领导，协同工作，组织欢送活动。

（一）结账服务

结账之前要做好相应的准备工作，按客人要求将行李送到大堂处，等待客人办理退房手续。对无人陪同的年老体弱者，要专人陪同照顾。客人到前台退房时，前台工作人员应提前通知客房服务员检查房间的设备及物品有无损坏和丢失，及时报告领导以便处理。一切检查无误，再向前台打电话告知该客房可以正常办理退房手续。

　　客人退房后，客房服务员再次检查房间并做好清洁工作。在清理房间时，若发现客人遗留在房间的东西，应该立即联系客人转送归还，如果客人已经离开酒店，应该转交给总服务台，请总机部门人员联系转交。若是重要的客人遗落物品，应该向上级领导报告处理。

（二）送别服务

　　客人即将离开酒店时，礼宾部人员应该与客人沟通，倾听顾客的意见和建议，并微笑着礼貌地向客人道别，让客人感受到酒店的温暖。送别客人时，应祝客人旅途愉快，目送客人离去，表示尊重。如果客人乘车出发，酒店迎宾员要帮客人拉开车门，开门后应该把右手挡在车门的顶端，以防客人的头撞在车顶上，一般上车的顺序按照先主再客后随员，先女士后男士，其余的乘客自行上车。车开动时应该挥手致意，车开走后再转身离开。

第十二章
会议服务礼仪

目前一些高级的乡村酒店和大型星级农家乐等乡村旅游接待设施配备了各种规模、档次的会议设施，具备一定的会议接待能力，可召开各种规格的会议。而且，乡村优美的田园景色、洁净的空气也是吸引众多会议在乡村召开的优越条件。在乡村旅游中，会议服务礼仪包括会议前的准备、会议期间及会议后三个方面。

一、会议前的准备礼仪

（一）会场及座次的安排

服务员应首先做好会场的卫生工作，保证地面、桌面、门窗、桌椅的清洁，同时保证洗手间干净卫生；其次根据会议主办方的要求安排会场座次，整齐摆放座位牌，若会场较大，需在会场入口处张贴座次表；最后检查会场整体布置效果，安排服务人员提前站在会场入口处做引导工作。

会议的台型根据会议性质、参会人数、场地大小及举办方要求布置，通常有典型的会议型、口字型、U 字型、鱼骨型、课桌型等类型。

会议型：使用圆桌和椭圆形的桌子，多个人围桌而坐，方便开会的人都能看到彼此的面容，有利于互相交换意见，一般用于公司的年终总结会或小型报告会。这种形式一般适用于 15～20 人的会议。

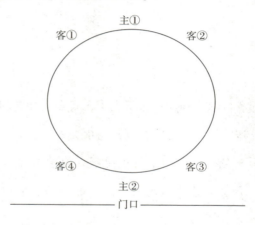

口字型：这种一般是由长方形的 IBM 围成一个很大的口字，内侧也可以安排座位。一般不安排这种形式，这种形式的摆放更适用于较多人数的会议，且需要当面的彼此与彼此之间交流，以拉近彼此的距离。

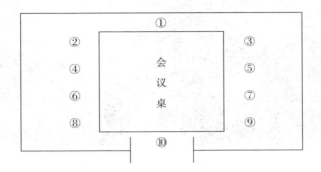

U 字型：当会议正前方需要摆放映盘灯或者投影仪时，或有上台发言者时，可用 U 字型桌。一般左侧放电脑，领导坐于投影的正前方观看。

鱼骨型：适用于需要分小组讨论的会议，多用于培训会或者讨论会。一般一个鱼骨型桌可坐 6~7 人，根据会议室面积的大小决定放几个鱼骨型小组。

课桌型：桌子的布置如同教室课桌一样，每个参会者面向讲台一排排就座。这种台型一般要搭建舞台，台上要备有讲座台。这种形式适用于报告、讲座或者大型会议、其他类型会议，适用于参会者较多的会议。

（二）物质准备

根据会议主办方的要求及会议需要，提前落实好会标横幅、音响设备、会议桌、座位牌、发言席、鲜花布置、签到席、茶水等准备工作，并检查空调、话筒及音响等所需电子设备是否完好。根据会议安排的时间，服务员应该提前打开会议室空调，打开少量的照明灯，拉开窗帘，薄帘拉上，避免阳光刺眼，透出微光。要提前准备好签到台的资料和物品，要求所有物品摆放美观整齐，整体布局协调。服务员需提前 30 分钟在会议室门口做好接待。

二、会议期间的服务礼仪

若会议组织者要求凭证件才可进场，服务员应认真核实，保证会议的安全。会议期间应保证会场周围的安静，如果出现噪声，应该及时制止。

会议的茶水一般准备矿泉水、咖啡和茶。对饮用矿泉水的客人，若瓶里还剩下不到1/4，应换上新的一瓶。对饮用茶水的客人，每隔20分钟添加一次，茶水量控制在七八分。

在会议过程中要坚守岗位，不能擅离职守离开服务现场，出现会议组织者与服务员失联的情况。在服务过程中，服务员不能有不雅的行为，如打哈欠、打喷嚏，不做与工作无关的行为，更不能影响到会议的正常进行，要严格遵守服务礼仪和职业道德。

服务员在服务中应该微笑热情、态度诚恳、服务周到，对宾客提出的问题要有合理的说明，尽量满足客人提出的需求，如果特殊情况不能满足，要婉拒客人，充分体现自己敬业的精神。服务人员站立会场周围，随时留意会场情况，若客人有其他需要或问题，及时为其提供服务。

服务人员不得随意翻阅会议资料或打听、讨论和询问会议内容。对于听到的会议内容应做到保密，不外传。

三、会议后的服务礼仪

礼貌送客。会议即将结束时，服务人员打开会场通道大门，站在电梯门口，主动为客人按下电梯，面带微笑送别客人。

会场清理。客人离开后，清理桌面及地面的矿泉水、茶杯、纸屑等物品。会议结束后检查是否存在安全隐患，如电源是否全部断开、灭火设备安全箱是否正常，如果出现隐患应及时请相关部门的人员来修理。工作结束之后，关闭灯、关空调，关上会议室的门，即可离开。

第十三章
公关服务礼仪

随着乡村旅游的发展，在乡村会举办越来越多的旅游节、民俗文化节、体育运动节等节庆活动，相应地会举行庆典仪式和剪彩活动。

一、庆典仪式礼仪

（一）物质准备工作

根据庆典内容做好相应的物质准备，一般包括会场横幅、标语、鲜花、彩旗、气球、红毯、话筒、音响等物品和设备。在乡村举办的庆典仪式，可以根据庆典的性质和内容布置具有乡村特色的活动现场，如武隆区双河镇的蔬菜节，标志牌设计成蔬菜形状等。

（二）相关人员的礼仪要求

参加庆典的人员要做到仪容整洁、服饰规范、态度端正、遵守会场纪律（不迟到、不随意走动）。发言人要做到沉着冷静、讲究礼貌、发言简短。礼仪人员要求着装统一，可以着符合乡村活动特色的服装，服务动作要求整齐规范。

二、剪彩礼仪

（一）物质准备

剪彩仪式的准备除了场地布置、话筒音响的准备、客人的邀请、人员的培训等工作以外，还得准备剪彩仪式上所需使用的红绸、新剪刀、手套、托盘等特殊用具。

(二) 剪彩人员的礼仪

剪彩者要求着正装，助剪者即礼仪人员要求化淡妆，统一发型与服饰，动作整齐规范。

(三) 剪彩礼仪

首先，礼仪人员将带花团的红绸从右侧拿上台，拉彩者站成一行，托盘者在其身后一米处站成一行；其次，引导者站在剪彩者左前方将其从舞台右侧引导上台，站在指定位置，托盘者将剪刀、手套从剪彩者右后侧递上。当剪彩者做好准备后，右手持剪将红绸带一刀剪断，应使红色花团落在托盘里，勿使其落地。剪彩成功后，剪彩者可以举起剪刀面向观众致意，然后放下剪刀，举手鼓掌，并与主人握手道喜。

第十四章
公共场所礼仪

一、乡村旅游地游玩礼仪

乡村环境通常风景优美、空气清新，是现代城市居民休息、放松的主要场所之一，它可以帮助人们调节心情，回归自然，放松身心。因此，我们应该爱护乡村旅游环境，注重应有的礼仪。首先，自觉维护乡村的卫生环境，不乱扔果皮纸屑，不高声喧哗；其次，遵守乡村旅游景区的规章制度，不乱刻乱画，不攀树折花，爱护植被和接待设施；最后，文明使用乡村旅游接待的设施设备，如不躺在长椅上休息，不暴力使用设备。

二、购物礼仪

　　游客在乡村旅游地购物，主要购买当地特色的土特产品和手工艺品等旅游商品。按照购物商店的类型可分为以下三种情况：

第一，乡村旅游购物专营商店。游客进入乡村旅游商品专营商店、超市或商场时，服务人员要做到文明服务，做一个受人尊重的服务员。首先，服务人员在帮助游客挑选商品时，轻拿轻放，尽量避免拿易污易损的商品；其次，服务人员在呼叫游客时要语气平和，不可使用命令式的口吻或急不可耐地高声呼喊；最后，在结账时，服务人员要组织游客按照先后次序排队，不可乱插队，并与前后购物者保持适当的距离。

第二，乡村场镇购物。场镇是连接城市和农村的节点，既具有城市的部分特征，又具有乡村气息。乡村场镇既售卖城市工业品，也出售乡土特色产品。服务人员引导游客在场镇多购买本地土特产品，购物时不要表现出对乡村的"偏见与傲慢"，不要过分压低土特产品价格；同时也要善于辨别真品与赝品，防止商贩的价格虚高。

第三，农家购物。我国乡村旅游地以农家为主的购物场所中，产品种类繁多，文化特色突出，但质量也是参差不齐。服务人员引导游客在乡村旅游目的地的农家可以购买到许多生态食品和用品，可将购物与对乡村地区的扶贫济困相结合。游客在乡村购物旅游时还应该尊重当地风俗习惯和礼仪禁忌，千万不要表现出城市人的优越感，而要平易近人，同时也要防止购物时过低压价，识别和拒绝假冒伪劣物品。

三、使用移动电话礼仪

（一）遵守公德

在乡村旅游对客服务中，服务人员应尽量将手机等移动通信设备调至振动，以免影响客人。若接听电话，应尽量选择一处安静的环境，不可大呼小叫，做到文明用语，并长话短说。

（二）保证畅通

服务人员为了保障与客人之间联系的顺畅，移动电话应随身携带，保持电量充足且号码无误，随时保证手机处于开机和畅通状态。

（三）安全使用

服务人员在对客服务中接打电话会分散注意力，影响服务的安全性，因此尽量在工作之余接打私人电话。不要将废旧手机电池及废旧手机扔到美丽的乡村环境，尤其不要扔到河湖等水体里面，否则会严重污染水体，从而破坏乡村旅游环境和村民生活环境。

四、乘坐电梯礼仪

在比较高档、大型的乡村旅游酒店、宾馆、民宿客栈等场所，电梯是方便人们上下进出的一种必备设备，它包括电动扶梯和垂直升降电梯两种。在乡村旅游地，服务人员引导游客在乘坐电梯时，也应注意遵循一定的礼仪规范，这些礼仪细节能直接体现出一个人的素质和修养。

（一）乘坐垂直升降电梯的基本礼仪

在等候电梯时，不要站在电梯口的正前方，而应站在电梯口左右两侧，以方便电梯里的人出来。电梯门开后，要做到先下后上，等到电梯里面的人全部出来之后方可进入。进入电梯时不要拥挤，注意安全。

服务人员应自己先进入电梯站在控制面板前操控，然后让其他游客后进入以确保安全。先进或后下的服务人员应尽量站在控制面板前以便于操控电梯按钮。

进入电梯后，应正面朝向电梯口站立，以免造成相向而站的尴尬情形。若后出电梯，应选择站在后面；若先出电梯，则应站在两侧或前面。若乘坐电梯的人较多且较拥挤时，仍应尽量与周围他人保持距离。如果无意碰撞到他人，应该立即主动道歉。

乘坐电梯时，若遇到客人或熟人，应主动让其先进。进入电梯后，若见有人赶乘电梯，站在控制面板前的人要长按开门键帮助其开门，如果电梯满员，应向其说明。

在电梯里尽量不要大声喧哗，肆意交谈。无论公事或私事，不宜与朋友或同事在电梯里谈论。乡村旅游地的电梯往往具有观景功能，或者面向景色优美的风景，不可在电梯内用手机随意拍摄风景或因激动而尖叫，以免影响其他乘梯人。

保持电梯内清洁卫生，不能抽烟，不随地吐痰，不能乱丢垃圾，不能在电梯内自拍等以免侵犯他人隐私。部分游客在野外环境中采摘的野花、野草等不能随意扔到电梯里。

（二）乘坐电动扶梯的礼仪

在乡村旅游地的大型餐厅、会议场所等地设置有电动扶梯。乘坐电动扶梯时，"右侧站立，左侧急行"是通用的规则。服务人员引领游客应主动站在扶梯右侧，不宜两人成排。空出的左侧位置以便后面有急事的人通行。如有急事需从左侧通行时，应向给自己让道的人道歉或致谢。团队游客乘坐电动扶梯时，会出现短时间的拥堵现象，服务人员要组织好游客有序乘坐电梯，避免发生危险。

五、行路礼仪

如今我国的乡村整体交通环境日益完善，乡村旅游目的地的交通环境也更加通畅、舒适，甚至朝"旅游＋乡村"的融合方向迅速发展。旅游服务人员及游客在乡村行路时，不仅要严格遵守交通规则，还应遵守行路的基本礼仪。在乡村旅游环境中，行路礼仪主要包括以下几个方面：

第一，严格遵守交通规则。在比较繁华的旅游小镇、乡村旅游热点地区，往往建有比较密集的交通路线和完备的交通指示标志。服务人员引导游客行走时，遵守靠右行的规则，不占盲道，不乱穿马路。过马路时，要走人行道。经过有红绿灯的人行道时，要注意礼让车辆，切不可乱闯红绿灯，避免出现安全事故。

第二，行走的位置规则。若二人行，前为尊，后为次；右为上，左为下；内侧为上，外侧为下。若三人行，中为尊，右为次，左为末。如果服务人员陪同尊者、女士、客人外出，应分别让其走在前面、右侧、内侧。若行走在路况不好、照明不足的地方，服务人员应先走到前面，以便提醒和照顾同行的人。

第三，旅游服务人员应该主动为老人让路，遇到孕妇和儿童时，不要拥挤，主动谦让。如遇到问路或需要帮助的人，应真诚、主动地予以帮助。

第四，在行走时，服务人员应带头保持环境卫生，不可以乱扔垃圾、随地吐痰，应该把垃圾主动丢在垃圾桶，养成保护环境卫生的习惯。经过草坪时，不应该乱扔瓜皮纸屑，以免给清洁工人带来不便。

第五，如遇到乡村旅游地治安事件或事故的发生，不要围观拥堵，要组织游客有序疏散或撤离，组织现场救援，并及时拨打110或120。

第六，要注意举止文明，在道路上不要嬉笑打闹，如果不小心碰到他人，应该及时道歉。异性之间不能搂搂抱抱，勾肩搭背。多人一起行走时，不要横排行走，妨碍后面的行人通行。

第七，乡村旅游服务人员在带领游客在乡村徒步旅行时，若身处地广人稀的环境，应注意多人一起行动，避免单独出行，以免发生盗窃、抢劫等事件。乡村旅游地部分地区路滑、坡陡、水深，服务人员应提醒游客，避免发生摔倒、溺水等危及生命财产安全的事故。天气干燥的季节，服务人员提醒游客不要把火种带进森林、草地等景点，避免发生火灾。

六、吸烟礼仪

在公共场所禁止吸烟，并且提倡所有的人戒烟。但在休闲旅游环境中，部分服务人员、游客可能存在"道德松弛"的现象，尤其在乡村旅游环境中，对游客吸烟监督的人员和设备更少，他们可能比平时更爱好抽烟。因此，在乡村旅游环境中，服务人员劝阻和正确引导游客吸烟的任务较重，责任较大。吸烟的举止要求，以及如何降低吸烟者给不吸烟的人带来的不愉快感受，很大程度取决于吸烟者的素质与修养。所以，吸烟也能反映出一个人的修养与风度。吸烟时应注意以下几个方面的礼仪规范：

第一，禁止吸烟的公共场所不能随意吸烟，应选择吸烟区吸烟。有空调的房间、洗手间及没有烟灰缸的房间不要吸烟。在森林、草地等易燃物较多的乡村旅游目的地要严禁吸烟。个别有吸烟爱好的游客可能趁机到偏僻的乡村角落私自违禁吸烟，服务人员要多加留意进行劝阻制止，避免发生火灾。

第二，服务人员应该告知游客，在有烟灰缸的房间或可以吸烟的场所允许吸烟，但有对吸烟反感的人或者有孕妇、小孩时，应克制自己不吸烟或选择到其他准许吸烟的空间吸烟。

第三，服务人员应该告知游客，在可以吸烟的场所，旁边若有女士，想吸烟时应询问："对不起，我可以吸烟吗?"应征得对方同意后再吸。若新到某个场合，在不知吸烟规定时，也应征询一下主人是否允许吸烟。

第四，服务人员应该告知游客，吸烟时不应走动，边走边吸烟的举止会显得十分没有风度。当游客吸烟时被招呼要进入公共场所时，服务人员要提醒游客立即将烟掐灭。

第五，在有特殊需要的乡村旅游环境中，若服务人员给游客敬烟时，应打开香烟盒弹出几支任其自取，切不可用手取烟递上。当服务人员给游客点烟时，一般身份高的、年长的或女士优先；如对方是女士，应划着火柴或打着打火机，让女士俯身取火，而不可将火柴或打火机交由女士自己点火。若服务人员需要给多位游客点烟，仅能连续给两人点烟，为第三人点烟时应熄灭后再点，以避免"散伙"的谐音。服务人员给游客点烟时，应用手遮住，以示礼貌和尊重。

第六，服务人员要提醒游客，吸烟完后不能随意乱扔烟头，应将烟头掐灭，放入烟灰缸或者垃圾桶，尤其不能将烟头扔到乡村的民房、庄稼地、柴堆、草垛、蔬菜大棚、加油站等易燃易爆的物品上或场所里，以免引起火灾或者爆炸事故。

参考文献

［1］常建坤．现代礼仪教程［M］．天津：天津科学技术出版社，1998.

［2］蔡践．礼仪大全［M］．北京：当代世界出版社，2007.

［3］陈萍．最新礼仪规范［M］．北京：线装书局，2004.

［4］何浩然．实用礼仪［M］．合肥：合肥工业大学出版社，2004.

［5］贺政林．酒店服务人员礼仪培训大全［M］．北京：中国纺织出版社，2014.

［6］金正昆．服务礼仪［M］．北京：北京大学出版社，2005.

［7］李道魁．现代礼仪教程［M］．成都：西南财经大学出版社，2002.

［8］刘澜江，郑月红．主题宴会设计［M］．北京：中国商业出版社，2005.

［9］牟红，杨梅．旅游礼仪实务［M］．北京：清华大学出版社，2015.

［10］梭伦．新编酒店客房管理［M］．南京：江苏美术出版社，2013.

［11］盛霞，章洁．实用礼仪［M］．北京：科学出版社，2015.

［12］王春林．旅游接待礼仪［M］．上海：上海人民出版社，2002.

［13］王丽华，吕欣．旅游服务礼仪［M］．北京：中国旅游出版社，2008.

［14］王春林．旅游接待礼仪［M］．上海：上海人民出版社，2002.

［15］赵影，郝建萍．服务礼仪［M］．北京：中国人民大学出版社，2014.

后 记

    乡村旅游服务礼仪规范是一个较少受到关注的领域。我们几位同行教师一直在探讨，如何出版一本图文并茂的乡村旅游服务礼仪规范的书，将旅游服务的规范礼仪与乡村旅游相结合，由教师进行文字编撰，本校旅游管理专业的学生进行乡村旅游服务礼仪规范动作展示。该书从策划到图片拍摄、资料收集与文字编撰，到最终完成书稿并出版，历时将近两年。

    出版这样的书，其意义是多方面的。该书既可以作为旅游行业尤其是乡村旅游从业人员的参考用书，也可以作为教学的参考用书。通过该书既可以与同行专家进行交流、请教，也可以检验教师教学的水平和效果，检验旅游管理专业学生对旅游礼仪学习的过程和成果，也是一个展示我校开办旅游管理专业将近20年发展现状的机会。

    该书在编撰过程中借鉴了许多同行专家的研究成果，在此深表谢意！因为该书采用图文相配的方式编排，不便在文中详细地对应注释所引用的文献，故采用了只在文末列出参考文献的方式，希望同行专家谅解！本书由几人共同撰写，如书中的个别图文资料未能在参考文献中列出，可与作者或者出版方联系、沟通。

    出版图文并茂的旅游礼仪类书籍比出版单纯的文字类书籍在某些方面可能难度更大。我们几位教师一年四季都有组织学生拍摄图片，炎热的夏天师生汗流浃背，寒冷的冬天学生穿着单薄的正装示范动作，冷得瑟瑟发抖。向这些参与图片拍摄的旅游、传媒、中文等专业的学生表示衷心的感谢！因为篇幅所限，不能将他们的名字一一列出，深表歉意！真诚感谢为图片拍摄提供场地的农家乐、宾馆、商场等单位！也要感谢经济管理出版社为此书付梓所做的大量工作！

出版这样一本图文并茂的乡村旅游服务礼仪方面的书对于我们也是一种尝试。由于水平有限，加之时间仓促，不足之处在所难免，恳请专家学者和广大读者批评指正。

编者

2019 年 6 月